Peter Köck

Praxis der Beobachtung

Eine Handreichung
für den Erziehungs- und Unterrichtsalltag

LA VERLAG LUDWIG AUER DONAUWÖRTH

Erzieherische Praxis
Herausgegeben von Anne Maria Hagenbusch

Gedruckt auf umweltbewußt gefertigtem, chlorfrei gebleichtem und alterungsbeständigem Papier.

3. Auflage. 1993
© by Ludwig Auer GmbH, Donauwörth. 1981
Alle Rechte vorbehalten
Gesamtherstellung: Ludwig Auer GmbH, Donauwörth
ISBN 3-403-01127-5

Inhaltsverzeichnis

4

Vorwort

1. *Beobachten und Beurteilen gehören zu den Alltagsaufgaben der erzieherischen Berufe.* Ihre Ergebnisse dienen als Grundlage gezielter pädagogischer und therapeutischer Maßnahmen und als Material für die Formulierung z. B von Schülerbogenbemerkungen, Zeugnissen und Eignungsfeststellungen für bestimmte Schularten und Berufe. Beobachtung und Beurteilung stellen Weichen für die Gesamtentwicklung von Kindern und Jugendlichen. Ihre Tragweite kann im positiven wie im negativen Sinn nicht hoch genug eingeschätzt werden. Dies erfordert die Bereitschaft des Erziehers zur ständigen Überprüfung und gegebenenfalls auch zur Korrektur seines Beobachterverhaltens.

2. Die vorliegenden Anregungen zum Beobachtungslernen und zur Überprüfung des Erzieher- und damit auch des Beobachterverhaltens sind als *unmittelbar umsetzbare Handreichungen für die Praxis* zu verstehen. Beobachten und Beurteilen können als Teilaspekte des Erzieherverhaltens nur über Erfahrung und Übung gelernt werden, nicht durch die allein kognitive Aufarbeitung von Theorien. Deshalb ist dieses Buch als *Arbeitsbuch* konzipiert, als *Anleitung zum Beobachten.*

3. Die *Beispiele von Beobachtungsberichten* dienen als Arbeitsmaterial und als Bezugspunkte für die notwendigen theoretischen Aussagen über Wahrnehmung, Beobachtung und Erzieherverhalten. Die Berichte sind Originaldokumente aus der erzieherischen Praxis. Der Autor verdankt sie den Teilnehmern verschiedener Aus- und Fortbildungskurse und den Mitgliedern bei Kommunikationstrainings und in Balintgruppen.

4. Die *Bilder* wurden in der Absicht eingefügt, den Leser zu veranlassen, die Verfeinerung und Festigung seiner Wahrnehmungs- und Beobachtungsfähigkeit durch Wahrnehmungs- und Deutungsversuche – möglichst mit Gegenkontrolle in einer Gruppe – auch auf diese Weise zu überprüfen.

Peter Köck

7

1 Stellenwert und Anlässe der Beobachtung in erzieherischen Situationen

1.1 Beobachtung in erzieherisch orientierter Kommunikation

Die sicher beherrschte Fähigkeit der Beobachtung gehört zur grundlegenden Berufsausrüstung des Erziehers und Lehrers wie das Messen, Sägen und Hämmern zum Beruf des Schreiners. Wie handwerkliche Fähigkeiten können auch die verschiedenen Techniken der Beobachtung gelernt werden. Ein erheblicher Unterschied ergibt sich allerdings angesichts der Ergebnisse, die im Falle der Beobachtung nur bedingt zuverlässig, nachvollziehbar und überprüfbar sind. Außerdem sind Beobachtungsvorgang und -ergebnisse sehr störanfällig durch die jeweiligen Umstände der Beobachtungssituation und den augenblicklichen psychophysischen Zustand des Beobachters. Da aber Beobachtungsergebnisse als Voraussetzung erzieherischen Handelns u. U. weitreichende und einschneidende Folgewirkungen zeitigen können, ist der Erzieher aufgerufen, an seiner Beobachterfähigkeit ständig zu arbeiten, um den beschriebenen Unsicherheitsspielraum einzuschränken.

Oberflächlichkeit und Unterlassungen im Arbeitsfeld der Beobachtung sowie unkontrollierte einseitige und vorurteilsbeladene Wahrnehmung begünstigen die ohnehin nicht völlig vermeidbaren erzieherischen Fehlleistungen in nicht mehr verantwortbarem Ausmaß. Die unaufhebbare Wechselwirkung zwischen Beobachtung und Erziehen (Beraten, Beurteilen) schließt eine Abkopplung des Beobachtens von erzieherischen Handlungen aus, sogar dann, wenn der Erzieher in kritischer Selbsterkenntnis begründete Zweifel an der Qualität seiner Beobachterfähigkeit hätte.

Beobachtung als gerichtete und methodisch gesteuerte Wahrnehmung (zur ausführlichen Definition vgl. 3.2!) *geht erzieherischen Maßnahmen* (als begründeter Hilfestellung für die Persönlichkeitsentwicklung) *voraus, begleitet sie als evtl. regulierende Instanz und dient ihrer Kontrolle angesichts der Ergebnisse erzieherischer Interaktionen.*

Beobachtung kann durch noch so gut aufbereitete formelle und informelle Tests nicht ersetzt werden. Sie ist das einzige Hilfsmittel in der Hand des Erziehers und Lehrers, wenn es gilt, ein Kind oder einen Jugendlichen wenigstens annäherungsweise ganzheitlich in der Verflochtenheit seiner Begabung und Verhaltensmuster zu beschreiben und damit einer einigermaßen wirklichkeitsgerechten erzieherischen Einflußnahme zugänglich zu machen.

1.2 Beobachtungsanlässe des erzieherischen Alltags in Beispielen

Beobachtung als aufmerksame, auf einen bestimmten Verhaltenszusammenhang gerichtete Wahrnehmung ist anstrengend, zumal dann, wenn sie sich über einen längeren Zeitraum erstreckt und protokolliert werden soll. Außerdem sind Erzieher und Lehrer i. d. R. weder für ihre Beobachteraufgaben professionell geschult noch im erzieherischen Alltag für die Beobachtertätigkeit allein freigesetzt. Die Aufgabenüberlastung des Erziehers und Lehrers in erzieherischen Situationen führt u. a. dazu, daß die meisten Beobachtungsergebnisse nebenbei in vorrangig erziehungs- und lernorientierten Handlungszusammenhängen gewonnen werden. Erzieher und Lehrer sind also darauf angewiesen, im Laufe ihrer Praxis die Fähigkeit zu vervollkommnen, dauernd registrierte Wahrnehmungen auch danach zu klassifizieren, ob sie einen notwendigen Übergang zum Beobachten nahelegen. Die erzieherische *Alltagspraxis* wird nur die *beobachtende* Beschäftigung mit auffallenden, erheblich von der Norm abweichenden Verhaltensweisen der Kinder und Jugendlichen zulassen.

Beispiele:

1. Ein fast sieben Jahre altes Mädchen in einer Schulvorbereitenden Einrichtung (SVE) für Entwicklungsverzögerte und Sprachauffällige läßt beim Schulreifetest v. a. im Teilbereich Ausdauer, Konzentration Schwächen erkennen. Geringfügige Sprachhemmungen beeinträchtigen gelegentlich das Ausdrucksvermögen des Kindes. Die Leiterin der SVE steht vor der Entscheidung, ob sie die Einschulung in die Grundschule oder in die Sonderschule für Lernbehinderte empfehlen soll. Vor den Eltern und dem Schulamt, vor dem Kind und auch vor sich selbst kann sie in jedem Fall nur bestehen, wenn sie ihre Empfehlung mit sorgfältig gewonnenen Beobachtungsergebnissen belegen kann.

2. Die Eltern eines Jungen in der vierten Grundschulklasse bestehen hartnäckig darauf, ihn über die Hürden des Probeunterrichts in das Gymnasium zu schicken. Der Lehrer ist der Meinung, in seinem Gutachten unmißverständlich zum Ausdruck bringen zu müssen, daß

er den Jungen nicht nur wegen der nicht ausreichenden Noten, sondern auch wegen seines Lern- und Arbeitsverhaltens nicht für das Gymnasium für tauglich hält. Er muß seine Meinung mit Fakten begründen, die auf exakter Beobachtung beruhen.

3. Ein Lehrer bemerkt bei der turnusmäßig fälligen Abfassung von Schülerbogenbemerkungen, daß er sich mit seiner Einschätzung eines Schülers in totalem Gegensatz zur letzten Eintragung befindet. Obwohl Fehlbeurteilungen nicht gerade selten sind, ist in einem solchen Fall die Gegenmeinung mit Beispielen aus der Beobachtungspraxis zu untermauern. Allgemeine Eindrücke und Gefühle allein reichen nicht aus.

4. Zeugnisbemerkungen sind wegen ihrer notwendigen Kürze oftmals Mißverständnissen ausgesetzt. Nicht zuletzt deshalb sind sie meistens zwischen nichtssagenden Gemeinplätzen und – in Listen zur Auswahl – vorgegebenen Verhaltensbeschreibungen angesiedelt, in Abschlußklassen zusätzlich auf der Hut vor den „verqueren" Lesegewohnheiten mancher Arbeitgeber. Die nicht nur für den betroffenen Schüler und seine Eltern, sondern eben auch u. U. für die Berufsausbildung bedeutsamen Zeugnisbemerkungen dürfen nicht auf ungefähren Eindrücken beruhen, sondern müssen durch Beobachtung gewonnene und auch festgehaltene und damit nachprüfbare Fakten belegbar sein.

5. Die Erzieherin im Kindergarten bemerkt bei einem fünfjährigen Jungen, daß er in jüngster Zeit selbst an mittelschwere Anforderungen hektisch herangeht und bei ersten Mißerfolgen verzagt und manchmal weinend aufgibt. Ihren bisherigen Wahrnehmungen nach entspricht der Junge voll und ganz dem erwarteten Entwicklungsstand seiner Altersgruppe. Als sie ihre neuerdings gewonnenen Beobachtungen den Eltern mitteilt, antworten diese mit der Forderung nach einem „Vorschulprogramm" und berichten von ihren häuslichen Bemühungen, ihren Jungen auf die Härte des Schulalltags vorzubereiten.

Es ist in der Regel aussichtslos, als Erzieher oder Lehrer an die überfordernde oder vernachlässigende Haltung von Eltern heranzukommen, wenn deren Auswirkungen beim Kind nicht durch exakt protokollierte Beobachtungen nachgewiesen werden können.

6. Beobachtung des Lern- und Arbeitsverhaltens, des Lernstils eines Schulkindes/Jugendlichen und seiner Gewohnheiten bei der Lernplatzorganisation mit daraus folgender systematischer Beratung.
7. Beobachtung von Spielverhalten, Leistungsverhalten und Leistungsentwicklung des Kindes/Schülers.
8. Beobachtung von Verhaltensauffälligkeiten wie z. B. Nägelbeißen, extremer Geschwätzigkeit, gehäuft auftretender Aggression, Gehemmtheit, Lernstörungen . . ., u. U. einmündend in die Abgabe des Kindes an Fachleute wie Erziehungsberater, Beratungslehrer, Schulpsychologen, Psychotherapeuten.
9. Beobachtung der Gruppendynamik einer Gruppe/Klasse, verbunden mit einer begründeten Anleitung zum sozialen Lernen.

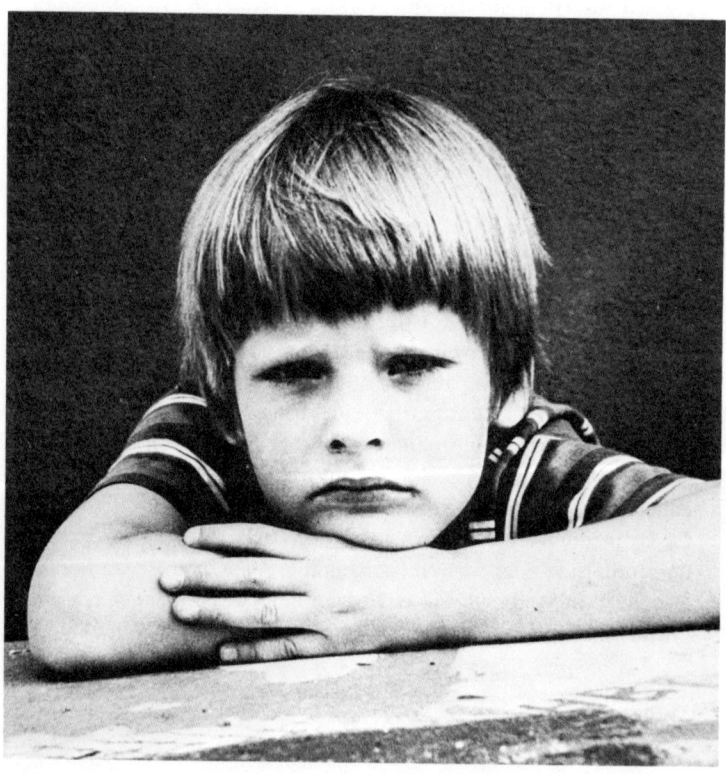

2 Von der Alltagswahrnehmung zur systematischen Beobachtung

2.1 Beispiele von Beobachtungsberichten aus der erzieherischen Praxis

Leitfragen beim Lesen

1. Welcher Bericht erscheint mir eher wertend, welcher eher beschreibend abgefaßt?
2. Welche *Formulierungen* lassen bei mir den Eindruck von Wertung bzw. Beschreibung entstehen?
3. Welcher Bericht erleichtert bzw. erschwert mir den Einblick in das beschriebene Verhalten? Woran liegt dies konkret?

2.1.1 Vorstellung eines für die gezielte Beobachtung bestimmten Kindes

Beobachtungsort: Schulkindergarten
Beobachtungsanlaß: Leistungsschwäche
Beobachtetes Kind: Wolfgang (7;1 = 7 Jahre, 1 Monat alt)

Vater:	Kraftfahrer, 58 Jahre alt
Mutter:	Raumpflegerin, 50 Jahre alt
Geschwister:	Bruder 29 Jahre, Schwester 24 Jahre alt. Beide leben im elterlichen Haushalt.

Wolfgang wurde im September eingeschult, die Zurückstellung erfolgte nach wenigen Tagen.

Wolfgang ist 1,20 m groß, er hat blondes Haar und blaue Augen, ist von schlanker Gestalt und blasser Hautfarbe; ein nach Kretschmer asthenischer Typ. Seine Körperhaltung wirkt schlaff. Seine Müdigkeit und Antriebsschwäche einerseits und seine motorische Unruhe andererseits fallen auf. Dem Beobachter drängt sich auf, an eine organische Störung zu denken. Seine psychische Verfassung ist dementsprechend. Wolfgang wirkt resigniert, ja depressiv, ist oft herabgestimmt und teilnahmslos. Seine Verunsicherung ist offensichtlich, seine Ängste brechen immer wieder durch. Man hat den Eindruck eines entmutigten Kindes, dessen Selbstvertrauen gestört ist bzw. sich nicht aufbauen konnte.

Seine sozialen Kontakte sind schwach. Er orientiert sich stark am Erwachsenen und sucht bei ihm Schutz. In der Gruppe befindet er sich abwechselnd in der Rolle des Außenseiters oder Mitläufers. Verhaltensunsicherheit im Sozialbezug und Unangepaßtheit in der Gruppe sind zu beobachten. Seine Emotionen äußert er weitgehend ungehemmt. Seine intellektuellen Möglichkeiten scheinen mäßig angelegt zu sein. Allgemeines Desinteresse und Leistungsunlust sind feststellbar. Wolfgang ist nur kurze Zeit oder überhaupt nicht konzentrationsfähig. Sein Spannungsbogen ist gering, ebenso seine Merkfähigkeit. Er ist ein in allen Entwicklungsbereichen retardiertes Kind.

Seine Familie gehört der Unterschicht an, sie wohnt in beengten Verhältnissen. Das Milieu scheint wenig an Anregung zu bieten. Das Sprachverhalten der Familie ist eher indifferent. Wolfgang wächst in einer Umgebung des Überfordertseins einerseits und des Überbesorgtseins andererseits auf. Die Geschwisterkonstellation ist für ihn denkbar ungünstig, sie scheint für das Kind im negativen Sinne schicksalhaft geworden zu sein.

2.1.2 Ausgewähltes Beobachtungsprotokoll im Rahmen einer systematischen Beobachtung über längere Zeit

Beobachtungsort: Kindergarten
Beobachtungsanlaß: Gehäuft auftretendes aggressives Verhalten
Beobachtetes Kind: Georg (5;6)

Protokoll Nr. 3 (von insgesamt 12 Protokollen)
Beginn: 8.36 Uhr
Ende: 8.50 Uhr

Georg schlendert zu drei Mädchen, Marisa (4;1), Corinna (5;3), Claudia (6;5), die mit einem zweistöckigen Puppenhaus spielen und schaut zu. Er nimmt aus der Hosentasche ein Matchboxauto und klopft damit auf das Puppenhausdach. „Geh", sagt Corinna. Georg lacht und fährt auf dem Dach herum: „Brr, brr, brr" – „Wenn du jetzt nicht gehst, sag ich es", faucht ihn Corinna an. Georg streckt die Zunge heraus und schreit: „Bäh, du blöde Kuh", und läßt sein Auto auf dem Dach herumsausen. Claudia schaltet sich ein und sagt zu ihm: „Hör jetzt endlich auf!" Georg: „Du blöde Kuh", und läßt sein Auto über das Giebeldach über die vor dem Puppenhaus aufgestellten Möbel und Puppen sausen; fast alles fällt um. Die Mädchen schimpfen, Georg lacht laut. Er nimmt sein Auto und einen großen Puppenschrank und wartet, bis die drei die

Puppenszenerie wieder aufgebaut haben. Kaum sind sie fertig, schlägt er mit dem Schrank auf das Dach. Claudia kommt zu mir: „Der Georg gibt keine Ruh!" – Ich: „Laß den Georg doch mitspielen!" Claudia geht zu Georg: „Magst mitspielen, kannst den Vater machen?" – Georg: „Das ist mir zu blöd", legt sich mit dem Oberkörper auf das Puppendach und mimt ein gelangweiltes Gesicht. Die Mädchen spielen weiter. Plötzlich nimmt Georg den Schrank, den er immer noch in der Hand hält und läßt ihn über das Dach sausen, ein-, zwei-, drei-, viermal, ganz schnell, alles fliegt drunter und drüber. Marisa schreit: „Aua", der Schrank hat sie am Arm getroffen. Claudia pufft Georg mit der Faust in die Seite: „Hau ab", – Georg: „Das tut gar nicht weh", und schlägt sich mit dem Schrank auf den Kopf. Er nimmt eine Puppe und schlägt auf sie ein: „Peng, peng, auf den Holzkopf, peng, peng, peng." Corinna entreißt ihm die Puppe und tritt mit den Füßen nach ihm. Georg weicht ein paar Schritte zurück und bleibt stehen. Corinna, Claudia und Marisa stellen die umgekippten Möbel auf und wollen weiterspielen. Georg hat aufmerksam beobachtet, er kommt näher und wirft aus zwei Meter Entfernung den Schrank zwischen die Möbel, die durcheinanderpurzeln. Claudia schreit: „Mei, jetzt hör halt auf!" Georg lacht. Er will sich den Schrank herausfischen. In dem Moment versetzt ihm Claudia einen Faustschlag in die Brust, daß er zurücktaumelt. Heulend läuft er zu mir: „Die hauen mich immer, die blöden Kühe!"

2.1.3 Auswahl eines minutiös geführten Protokolls aus einer systematischen Beobachtung

Beobachtungsort: Hort
Beobachtungsanlaß: Leistungsschwäche und verminderte Ausdauer und Konzentration
Beobachtetes Kind: Thorsten (7;0)

Protokoll Nr. 2 (von insgesamt 15 Protokollen in verschiedenen Lernsituationen)

Aufgabe: Leseübung
Material: Lesebuch der 1. Klasse Volksschule

Lesestück über die verschiedenen Berufe „Es gibt viele fleißige Leute".

Länge: 11 Zeilen, dreimal zu lesen
Illustration: links und rechts des Textes zeigen Bilder die verschiedenen
             Handwerker.

Uhrzeit:

13.16 Nach der 1. Zeile blättert er im Buch, dann schaut er mir beim Schreiben zu und streichelt mich.

Ich ermahne ihn und er liest weiter.

13.20 Er schaut ein Bild an.

13.21 Er ist fertig mit dem Lesestück. Er meint, ich solle aufschreiben. Er fängt zum 2. Mal zu lesen an und spricht bei der 3. Zeile das Gelesene auswendig nach.

13.25 Er ist wieder fertig und stellt mehrere Fragen. Er rutscht auf dem Stuhl hin und her.

Er schaut das Buch an, steckt den Finger in den Mund und will etwas anderes lesen. Er klopft sich mit dem Bleistift auf den Kopf.

Als ich ihn ermahne, möchte er wissen, wie oft er schon gelesen hat.

13.30 Er fängt wieder zu lesen an.

Nach der 3. Zeile fragt er, ob ich vor Geistern Angst habe. Dann liest er ganz leise weiter, anstatt laut. Dann will er den Text auswendig nachsagen. Ich bitte ihn weiterzulesen.

Er stellt eine Frage zum Text und schaut das Bild dazu an.

Er fängt noch einmal von vorne zu lesen an.

Er möchte wissen, was Korn ist. Ich erkläre es ihm und er meint, daß es zum Müller gebracht wird und Brot gebacken wird.

13.36 Er schaut die Bilder an und sagt die Namen der Berufe, die dargestellt sind. Er nimmt das Kissen, auf dem er sitzt in die Hand und will damit rutschen.

13.37 Er fragt, ob es stimmt, was er liest.

Er frägt, was ein Schlosser ist.

13.38 Schluß

2.1.4 Beispiel von drei aufeinander folgenden Beurteilungen eines Schülers im Schülerbogen

1. Am Ende der 2. Klasse Grundschule

Ein schmaler, nervöser Schüler, unausgeglichen, hektisch, häufig mit lauter bis schriller Stimme. Dabei ist er oft selbst unglücklich über sich und versucht sich zu zügeln. Diese Unrast ist auch daheim oft spürbar.

Er ist ein guter Denker, sprachlich sehr gewandt. Die Eltern arbeiten mit der Schule.

2. Am Ende der 4. Klasse Grundschule

Der Schüler könnte ziemlich rasch auffassen, wenn er sich konzentrieren würde. Seine Sucht, kritisch zu wirken, mag momentan darüber hinwegtäuschen, daß er in Wirklichkeit kaum fähig ist, eine persönliche Einstellung zum Lehrstoff zu gewinnen und sich dann meist dem Urteil seiner Mitschüler anschließt. Es ist ein nahezu unmögliches Unterfangen, ihn zu einem ruhigen, ordentlichen, gründlichen und gut überlegten Arbeiten zu bringen – er hat zu wenig Ausdauer und weiß nicht, wie er seine Arbeitshaltung fixieren soll. Er stört dauernd den Unterricht durch laute Zwischenbemerkungen zu den Ausführungen der Lehrkraft oder antwortender Schüler. Er kümmert sich um alles und jedes in der Klasse, ob im Unterricht oder in der Pause, in einer recht aufdringlichen, lauten, störenden Art. Er gehört zu der Raudigruppe der Klasse und sucht darin führend zu sein. Er ist in seinem Wesen unbeherrscht und kaum beeinflußbar; die Mutter, die sich mit ihm kaum mehr helfen kann, sagt, er sei von Geburt an übernervös und keine Erholung hätte je zu einer Besserung geführt. Aber nervös und unbeherrscht sind wohl zweierlei Dinge. Neuerdings sind Klagen von Mitschülereltern an mich herangetragen worden, daß er während des Unterrichts in sexueller Hinsicht tätig sei. – Mein Gesamteindruck geht dahin, daß der Schüler sich genau in der Richtung entwickelt, die wir als aggressiv, demonstrativ und gewalttätig bezeichnen; er wird noch viel Sorgen machen, sowohl in als auch außerhalb der Schule.

3. Am Ende der 8. Klasse Hauptschule

Ein begabter Schüler, der bei größerem Fleiß „Spitzenleistungen" erzielen könnte. Er erledigt alles, jedoch nur knapp und oberflächlich. Die Mitarbeit im Unterricht ist gut.
Die Mutter suchte häufig Kontakt zur Schule, der mehrmals wegen des schwierigen Verhaltens ihres Sohnes nötig war. Innerhalb der 5-Mann-Klassenclique versuchte Claus (da ihm körperliche Auseinandersetzungen zuwider sind), sich durch auffälliges, störendes Benehmen im Unterricht (vor allem bei den Fachlehrkräften) hervorzutun, um bei seiner Clique Anerkennung zu finden und „besonders" zu sein. Eitelkeit spielt mit.
In der Klassengemeinschaft war er deshalb nicht allzusehr beliebt, weil

die meisten sein Benehmen als unpassend, zeitraubend und peinlich empfanden. Bei mir als Klassenlehrkraft benahm er sich meistens korrekt, was daran liegt, daß man als Klassenlehrkraft mehr Zeit für die einzelnen Schüler hat. Claus sucht häufig ein Gespräch, sieht auch nach einer Auseinandersetzung Fehler ein und alles verläuft dann wieder ganz normal ohne Schwierigkeiten.

Claus ist ein guter Fußballspieler.

2.2 Wie zuverlässig ist unsere Wahrnehmung?

2.2.1 Beispiele

1. Ein Erzieher/Lehrer ist bei seinem Spiel-, Beschäftigungs-, Lernangebot – schon zur Bestätigung der Angemessenheit seiner Planung – derart auf Erfolgsrückmeldungen fixiert, daß er die „leisen" Signale der Kinder/Schüler wie z. b. unsicheres Herumsuchen, verständnislose Blicke, hilfesuchende Aktionen zum Nachbarn hin, „verstekken", Leerlaufhandlungen (schaukeln, schattenboxen usw.) u. a. übersieht.

   Erst massive Unruhe und Störaktionen oder lähmende Stille bringen ihm ins Bewußtsein, daß er einen wesentlichen Teil des Wahrnehmungsfeldes regelrecht ausgeblendet hatte.

2. Bei Störungen hat jeder Erzieher/Lehrer gegen die Neigung anzukämpfen, sie bei bestimmten Kindern zu bemerken, bei anderen nicht. Auf diese Weise ist schon so manche Randfigur oder gar ein unbeteiligter Zuschauer z. B. bei einer Balgerei zur Zentralfigur „aufgestiegen" mit allen Folgen ungerechter spontaner Strafmaßnahmen.

3. Jeder Lehrer neigt dazu, seine Unterrichtsarbeit bevorzugt mit einer Stammgruppe verläßlicher Schüler zu bestreiten. Der Mitarbeitseifer weniger treffsicherer Schüler, die „ja doch bloß wieder Blödsinn von sich geben" und „nur den Betrieb aufhalten" (wörtliche Zitate) wird auf diese Weise im Zuge der Lernzielerfüllung buchstäblich kaltgestellt.

4. Aber auch Kinder/Schüler leiden an Wahrnehmungsstörungen. So verfehlen sie z. B. bei der Bearbeitung von Schulaufgaben mögliche bessere Ergebnisse, weil sie Teilaufgaben oder hilfreiche Hinweise glatt „überlesen" haben.

5. Tatsächliche oder unterstellte Wahrnehmungsverkürzungen sorgen

auch dafür, daß dienstliche Beurteilungen zu einer fast unerschöpflichen Quelle der Belastung zwischenmenschlicher Beziehungen werden.

2.2.2 Warum ist unsere Wahrnehmung so störanfällig?

Wahrnehmung bezeichnet den Vorgang der Informationsaufnahme aufgrund äußerer Reize (= äußere Wahrnehmung) oder intrapsychischer Reize (= innere Wahrnehmung). Im Wahrnehmungsvorgang wird der objektiv gegebene Reizgegenstand auf seinem Wege zum subjektiv erlebten Wahrnehmungsgegenstand mannigfachen *Filterwirkungen* ausgesetzt:

1. Die *Sinnesrezeptoren* wandeln Reize dergestalt um, daß sie für unser Nervensystem überhaupt faßbar werden. In diesem Zusammenhang kommt der *intensiven Schulung* unserer Sinne große Bedeutung zu, um nicht schon an dieser Stelle unser Wahrnehmungsfeld einer Schrumpfung zu überlassen.

2. Der nächste Wahrnehmungsfilter wird dadurch wirksam, daß nur ein Bruchteil aller überhaupt aufgenommenen Reize die Qualität von *Empfindungen* erlangt, worüber übrigens die bereits vorhandene Befindlichkeit mitentscheidet, also z. B. aktuelle Bedürfnisse und Motive.

3. Im Vorgang der *Apperzeption,* in dem sich der Wahrnehmende dem Reiz zum Zweck der bewußten Aufnahme zuwendet, wird dieser Reiz nochmals gefiltert, d. h. aufgrund der bisher verfügbaren Aufnahmestrategie angenommen oder verworfen.

Die vom Reiz ausgehende Information ist auf diesem Wege noch zusätzlichen Veränderungen ausgesetzt, nämlich durch

1. *Wahrnehmungstäuschungen* (z. B. autokinetisches Phänomen, geometrisch-optische Täuschungen, Halluzinationen),.
2. *verfälschende Korrekturen* z. B. aufgrund früherer Wahrnehmungen oder infolge des Halo-Effekts.
3. *äußere und intrapsychische Störungen* (z. B. Lärmeinflüsse, Sorgen)
4. und *Vorurteile.*

Insgesamt werden in der Alltagswahrnehmung ca. 90 Prozent aller Meldungen an das Gehirn als unbedeutend ausgefiltert. Dabei haben wir die uns von vornherein gesetzten Reizschwellen bereits außer acht gelassen, wonach z. B. für das menschliche Ohr nur Schwingungen zwischen 16 und 20 000 Hz wahrnehmbar sind.

Veranschaulichen wir uns den *Wahrnehmungsablauf* mit Hilfe einer Graphik:

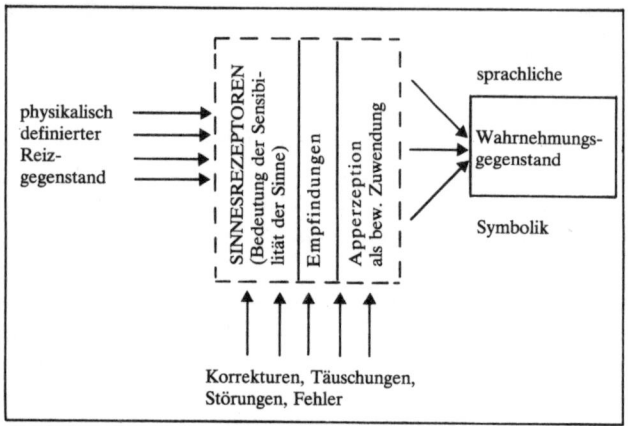

Wahrnehmungsfeld: Abhängig von der sozialen Wahrnehmung, also den Einstellungen und Erwartungen beim Eintritt in die Wahrnehmungssituation.

Die Wahrscheinlichkeit unangemessener bzw. wirklichkeitsfremder Wahrnehmung ist um so größer, je weniger ein Mensch bereit ist, seine Wahrnehmungsvoraussetzungen zu überprüfen und korrigierende Informationen von anderen anzunehmen.

2.2.3 Entstehung und Aufgabe der sozialen Wahrnehmung

Unsere soziale Wahrnehmung bringen wir als gesammelte Erfahrungen und Erwartungen mit Wahrnehmungen in jede neue Wahrnehmungssituation ein. Diese mitgebrachte Wahrnehmungshaltung erleichtert uns ohne Zweifel den Umgang mit Wahrnehmungsreizen. Sie filtert nämlich aus ihnen das uns vermeintlich Wesentliche aus, unterzieht es einer ersten Bewertung und läßt es in unser Bewußtsein gelangen. Wenn wir uns allerdings die Einzelvorgänge bei dieser Filterwirkung unserer Wahrnehmung vergegenwärtigen, wird beängstigend klar, in welch hohem Maße unsere Wahrnehmung von vornherein und ohne jede kritische Kontrolle subjektiv ist.

1. An erster Stelle ist hier die *Selektion (= Auswahlwirkung)* unserer Wahrnehmung zu beleuchten.

Zuerst einige Beispiele:

● Eine Mutter reagiert in der Regel unter Ausblendung aller anderen Nachtgeräusche ziemlich zuverlässig auf das Schreien, ja meist schon auf unregelmäßige Atemzüge ihres Säuglings.

● Hier ist ebenso das sog. „Fremdeln" der Kleinkinder mit ca. 8 Monaten einzuordnen, das die enge Bindung der Wahrnehmung an den Sozialkontakt zur Mutter beweist.

● Für die soziale Bedingtheit der Wahrnehmung wird auch gerne das Experiment von M. Sherif mit dem autokinetischen Phänomen herangezogen. In diesem Experiment wird die vermeintliche Bewegung eines Lichtpunkts auf einer verdunkelten Fläche von den Versuchspersonen geschätzt. Dabei weichen die Schätzungen im ersten Versuch, in dem die Versuchspersonen jeweils allein im Raum sind, erheblich voneinander ab. Im zweiten Versuch bleiben alle Versuchspersonen im Raum und hören die Schätzungen der anderen mit. Die Folge ist regelmäßig, daß sich die Schätzungen im dritten Versuch stark annähern.

Die Selektion unserer Wahrnehmung ist *abhängig* (in Anlehnung an Antons 1973, S. 69/70) von

bei den Reizen
im Wahrnehmungsfeld

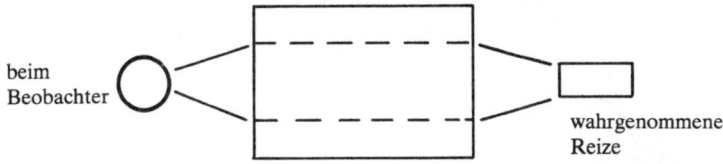

beim Beobachter

wahrgenommene Reize

– der Art der Reize,
– den eigenen persönlichen Erfahrungen und Lernprozessen, die sich auf die Erwartungen des Beobachters auswirken, hier auch von Normen, Ängsten, Tabus, Wünschen, Bedürfnissen, Hoffnungen, Befürchtungen, Sympathien, Antipathien, Idealen usw.,

– der Auffälligkeit des Reizes, z. B. Punk oder Skinhead unter Schülern mit konservativem Erscheinungsbild,
– der Intensität des Reizes: Je stärker der Reiz, desto größer die Wahrscheinlichkeit, wahrgenommen zu werden,
– der Häufigkeit (vgl. Reklame!),
– den Bewegungs- und Veränderungsqualitäten des Reizes,

21

- den Motiven, die zur gegebenen Zeit im Spiele sind, d. h. von den Bedürfnissen, Wünschen, Interessen des Beobachters.

- der Anzahl der Reize: Je mehr Objekte derselben Sorte dargeboten werden, um so wahrscheinlicher werden sie wahrgenommen.

Die Skizze läßt deutlich werden, daß aufgrund der genannten Abhängigkeiten von allen gegebenen Wahrnehmungsreizen nur verhältnismäßig wenige tatsächlich von uns wahrgenommen werden.

Die Frage bleibt offen, ob wir der Anzahl nach genug Reize und die für die vorliegende Situation wirklich wichtigen ausgefiltert haben.

2. *Die Organisation oder Gestaltung unserer Wahrnehmung* richtet sich nach den jeweiligen augenblicklichen Bedürfnissen und Motiven des Betrachters. Es fällt meist schwer, die Gestaltungsursachen restlos zu durchschauen, da im Wahrnehmungsvorgang allemal auch Bedürfnisse u. a. mitspielen, die uns unbewußt leiten.

Übungsangebot

A Wenn Sie die Gelegenheit haben, diese Anleitung zum Beobachtungslernen mit einer *Kleingruppe* durchzuarbeiten, könnte es reizvoll sein, die nachfolgende Übung durchzuführen. Bitte versuchen Sie aber, sich streng *an die gegebenen Anweisungen zu halten!* Lesen Sie B erst nach Abschluß der Übung!

Anweisungen zur Übung (aus Antons 1973, S. 50)

a) Stellen Sie sich vor, Sie sind das Leitungsteam einer internationalen Kosmetikfirma (Zweigstelle München). Sie brauchen dringend eine Filialleiterin. Die Zentrale Ihrer Gesellschaft in New York übersendet Ihnen das Funkbild einer in Frage kommenden Persönlichkeit. Auf Grund einer Schlamperei stehen Ihnen die persönlichen Daten (Lebenslauf etc.) erst einen Tag später zur Verfügung. – Sie müssen sich aber heute entscheiden: Entscheiden und begründen Sie *gemeinsam*, ob Sie die Dame einstellen! Warum – oder warum nicht?

b) Das Bild, das vor Ihnen liegt, *darf nicht berührt* werden; es darf *nur verbal* miteinander kommuniziert werden, ohne mit den Händen zu zeigen oder zu deuten.

B Wenn Sie diese Anleitung *alleine* durcharbeiten, sei Ihnen verraten, daß es sich bei nebenstehendem Bild um ein sog. Kippbild handelt. Welche der beiden Möglichkeiten Sie zuerst wahrnehmen und wie schwer bzw. leicht es Ihnen jeweils fällt, zwischen den beiden Bildern hin- und herzupendeln, ist sicher nicht nur aus Zufälligkeiten zu erklären.

Für die Gestaltung unserer Wahrnehmung gelten aber auch noch eine Reihe von *Wahrnehmungsgesetzen*, z. B.

– das Gesetz der Nähe, wonach näher zusammenliegende Wahrnehmungsgegenstände eher als zusammengehörig gesehen werden als weiter voneinander entfernte;

    II II II II II

– das Gesetz der Geschlossenheit, nach dem sich ergänzende Figuren eher als zusammengehörig erkannt werden als andere;

)()()()

– das Gesetz der Figur-Hintergrund-Kombination, wonach über die Wahrnehmung eines Gegenstandes sein Umfeld mitentscheidet.

Beispiele:
Müller-Lyersche Täuschung

(Die beiden Linien sind gleich lang – oder nicht?)
Heringsche Parallelentäuschung

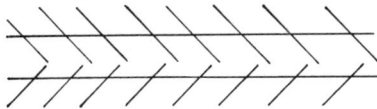

3. Bei jeder Wahrnehmung bevorzugen wir eine bestimmte Sichtweise, wobei wir gleichzeitig mögliche andere Sichtweisen vernachlässigen, d. h. wir gehen mit einer bestimmten *Akzentuierung* an die Wahrnehmungssituation heran. Wie wir akzentuieren, hängt von unseren aktuali-

sierten Bedürfnissen, Einstellungen, Vorurteilen ab und von den durch diese hervorgehobenen Wahrnehmungsobjekten.
(Vgl. die eingangs angeführten Beispiele!)

Übung

Betrachten Sie *drei Minuten lang ein Bild in diesem Buch,* und halten Sie danach Ihre Wahrnehmungen aus der Erinnerung schriftlich stichwortartig fest. Lassen Sie diese Übung weitere Mitglieder Ihrer Arbeitsgruppe durchführen, und vergleichen Sie die Ergebnisse! Es ist günstig, wenn Sie zusätzlich Beobachter bestellen, welche die Veränderung der Aussagen festhalten sollten.

Eine Variante der Übung besteht darin, daß der Erste einer Spielgruppe von 5 bis 7 Teilnehmern das Bild 3 Minuten betrachtet und dann aus dem Kopf dem zweiten Mitspieler (der hierfür erst ins Zimmer gerufen wurde) seine Wahrnehmungen berichtet. Dieser berichtet (ohne Bildbetrachtung) dem dritten usw. Beobachter halten die Veränderungen fest.

---

4. Schließlich spielt bei unserer Wahrnehmung noch das *Prinzip der Fixation* eine Rolle:
Wenn die in die Wahrnehmungssituation mitgebrachten Erwartungen des Beobachters und seine Erfahrungen dortselbst wiederholt übereinstimmen, erhalten die damit verbundenen Wahrnehmungen verhältnismäßig überdauernde Festigkeit.

Beispiel
Wenn ich mit der Erwartung den Gruppenraum bzw. das Klassenzimmer betrete, daß der Urheber des dort tobenden Streites bestimmt wieder XY sein wird, und wenn diese Erwartung tatsächlich mehrfach bestätigt wird, werde ich in Zukunft bei jedem Aufflackern von Unruhe oder Streit dazu neigen, als Urheber wieder XY wahrzunehmen. Oftmals helfen auch dessen Beteuerungen nicht mehr, uns von unserer fixierten Wahrnehmung abbringen zu lassen.
Um eine Art fixierter Wahrnehmung handelt es sich auch beim sog. *Halo-Effekt.*
Der Halo-Effekt, gelegentlich auch Hof-Effekt genannt, bezeichnet den Vorgang, daß eine Person bei der Beurteilung von Persönlichkeitsmerkmalen einer anderen Person sich von einem vagen Gesamteindruck, von

der vermittelten Kenntnis einzelner Verhaltensweisen oder von Ergebnissen eigener Teilbeobachtungen beeinflussen läßt.

Um Halo-Effekte besonders grober Art handelt es sich z. B., wenn ein Erzieher sein Urteil über die intellektuellen Fähigkeiten eines Schülers von dessen unordentlicher Heftführung beeinflussen läßt oder wenn gar Ableitungen der Art „wer lügt, der stiehlt auch" vorgenommen werden.

Fixierte Wahrnehmungen können z. b. aufgelöst werden durch *fremd- oder mediengesteuerte Wahrnehmungskontrolle*. Bei Wahrnehmungsfixierungen, die sich auf verbale Kommunikation beziehen, kann der *kontrollierte Dialog* gelegentlich Abhilfe schaffen.

Übung „Kontrollierter Dialog"

Bei dieser Übung sitzen sich die Betroffenen einander gegenüber und sprechen über eine gemeinsame Situation, in der sie unterschiedliche Wahrnehmungen machen. Wenn A gesprochen hat (überschaubar, wenige Sätze), wiederholt B zuerst die Aussage von A mit eigenen Worten und fügt nach Bestätigung der richtigen Wiedergabe seine nächste Bemerkung an. Wenn A sich nicht richtig wiedergegeben erfährt, muß B einen neuen Wiederholungsversuch unternehmen; gegebenenfalls spricht A seine letzte Aussage noch einmal. Die Rollen wechseln dem weiteren Gesprächsverlauf folgend.

2.2.4 Wahrnehmung als veränderliches Entwicklungs- und Sozialisierungsprodukt

Die Art der Wahrnehmung ist je nach Entwicklungsstand des Menschen verschieden und damit auch verschieden leistungsfähig.

Alters- und reifebedingte Unterschiede beziehen sich
– auf die Auswahl von Wahrnehmungsinhalten im gesamten Wahrnehmungsfeld,
– auf das Vorhandensein von Ordnungsschemata in bezug auf Wahrnehmungen,
– auf die Art der Konzentrationsfähigkeit bei Wahrnehmungen
– bis hin zu Grundfähigkeiten, Wahrnehmungen überhaupt nach Form, Farbe, Größe u. dgl. zu differenzieren.

Reifungseinflüsse und Sozialisierungseinflüsse bedingen sich hierbei wechselseitig; d. h., eine reifungsbedingte verfeinerte Wahrnehmung

(z. B. Ablösung von magischen Wahrnehmungen oder die klare Differenzierung zwischen Ich und Nicht-Ich) wirkt sich verändernd auf den Sozialisierungsprozeß aus, und die Sozialisierung bringt ihrerseits laufend neue Auswahlgesichtspunkte in den Wahrnehmungsvorgang ein. Außerdem wird die Übersetzung der Wahrnehmungen in Vorstellungen zunehmend differenzierter und abstrakter.

2.2.5 Wahrnehmungsstörungen

Die Vielzahl verschiedener Wahrnehmungsstörungen kann in unserem Zusammenhang in drei Gruppen zusammengefaßt werden:
- Unangemessene *Wahrnehmungserweiterungen* liegen mit Illusionen, Halluzinationen und drogenbedingten Wahrnehmungsverzerrungen vor.
- *Wahrnehmungseinengung* ergibt sich durch Defekte der Sinne, mangelnde Erfahrung mit emotionaler Zuwendung oder durch Abblocken von Informationen aus Angst vor evtl. nötiger Verhaltensänderung.
- Als insbesonders das schulische Lernen behindernde Wahrnehmungsstörung wird die Legasthenie diskutiert, womit die partielle Lernstörung der Lese- und Rechtschreibschwäche bezeichnet wird.

Die betroffenen Schüler weisen in der Regel einen durchschnittlichen oder guten Intelligenzquotienten auf, ebenso gut oder durchschnittlich fallen ihre meisten Schulleistungen aus. Sie haben lediglich Schwierigkeiten, Texte sinnerfassend und flüssig zu lesen und Wörter grammatikalisch richtig zu schreiben. Typische Lese- und Schreibfehler sind z. B. wortentstellende Buchstaben- und Silbenvertauschungen, Hinzufügungen, Weglassungen. Nach dem bisherigen Stand der Forschung sind unterschiedliche Ursachen für die einheitliche Symptomatik der Legasthenie wahrscheinlich. Verhältnismäßig gesicherte Aussagen sind zu den *Sekundärfolgen der Legasthenie* möglich:
Hier fallen vor allem auf:
- Gedächtnisspeicherschwäche, v. a. bei selten vorkommenden Wörtern und für Sätze und Bedeutungen; die weitere Folge ist ein geringerer Wortschatz als möglich wäre;
- sprachliche Entwicklungsverzögerung;
- durch besonders große Mißerfolgshäufigkeit allgemein herabgesetzte Lernmotivation und Aufmerksamkeit; Konzentrationsschwäche;
- Verhaltensstörungen aufgrund permanenter Mißerfolge und/oder Sanktionen, evtl. Hänselei durch Kameraden usw.

2.2.6 Zusammenfassung und einige Schlußfolgerungen

1. Wahrnehmungsvorgang

Eine ganz und gar objektive Beobachtung kann es nicht geben, da die ihr zugrundeliegende Wahrnehmung vielfachen Filtervorgängen und Täuschungen unterliegt.

2. Wertung bei der Beobachtung

– Das Ausmaß wertender Formulierungen bei der Beobachtung läßt einen Schluß auf festgelegte (= fixierte) Wahrnehmung zu.
– Wertende Formulierungen erwecken den Eindruck eines Urteils. Den Betroffenen bzw. die Angehörigen des Beobachteten (z. B. Eltern) veranlassen sie, Abwehrmechanismen in Bewegung zu setzen.
– Wertende Formulierungen geben eher eine Aussage über das normgeleitete Verständnis des Beobachters von erzieherischen Situationen als über das tatsächliche Verhalten des Beobachteten. (vgl. hierzu die Problematik des Normativen beim Beobachtungsvorgang unter 5.4.2!)

3. Voraussetzungen einer verhältnismäßig zuverlässigen Beobachtung

– Grundlage einer zuverlässigen Beobachtung ist die operationale Verhaltensbeschreibung, d. h. die zu beobachtenden Verhaltensweisen müssen als *konkrete Handlungen* beschrieben sein, die *meßbar* (= *quantifizierbar*) und jederzeit (z. B. durch einen Auswerter der Protokolle) *nachvollziehbar* sind.
– Die Qualität einer Beobachtung steigt mit dem Ausmaß der Fähigkeit, operational beschriebenes Verhalten protokollieren zu können.
– Eine exakte Bestimmung veränderungsbedürftigen Verhaltens und die daraus abzuleitenden Konsequenzen (z. B. der Verhaltensmodifikation, der Bereitstellung einer erzieherischen Situation, einer gezielten Therapie) sind nur möglich aufgrund von Daten, die mit Hilfe operationaler Verhaltensbeschreibung und -beobachtung gewonnen wurden.

Beobachtungsberichte wie z. B. die unter 2.1.1 und 2.1.4 bleiben allzusehr in wertenden Verallgemeinerungen stecken, die keinen konkreten Ansatzpunkt zur Verhaltensänderung erkennen lassen.
Unsere Schlußfolgerungen lassen aber auch deutlich werden, daß einerseits die Fähigkeit zu zuverlässiger Beobachtung erlernt werden kann, andererseits an ihrer ständigen Verbesserung zu arbeiten ist.

3 Stellenwert der Beobachtung in der psychologischen Diagnostik

Vor allem die Testpsychologie lief und läuft immer wieder Gefahr, als Lieferant ausreichenden Instrumentariums für die Erfassung von Persönlichkeitsmerkmalen angesehen zu werden.

So beschränkt auf der einen Seite die Aussagemöglichkeiten der Testpsychologie in Wirklichkeit sind, so muß auf der anderen Seite aber ebenso festgehalten werden, daß auch die Beobachtung nur eine Möglichkeit unter vielen ist, Daten für die Verhaltensanalyse und -diagnose zu gewinnen.

Nur die kombinierte Verwendung mehrerer diagnostischer Methoden vermag letztlich die Zuverlässigkeit der Verhaltensbeschreibung zu steigern.

Erinnern Sie sich an die unter Punkt 2.1 aufgeführten Beispiele! Keine der dort zitierten Verhaltensbeschreibungen reicht für sich allein aus, eine verläßliche Diagnose zu erstellen oder gar therapeutische Maßnahmen daraus abzuleiten.

Wir müßten dazu vielmehr eine größere Anzahl operationaler Verhaltensprotokolle besitzen, ferner Daten aus einer gründlichen Anamnese und gegebenenfalls aus einer Testreihe.

Die Psychodiagnostik faßt also als Sammelbegriff alle Methoden zusammen, die der Feststellung psychologischer Merkmale einer Person dienen. Das Erhebungsfeld umfaßt das menschliche Individuum in allen denkbaren Situationen und Zuständen. Zum Diagnosebereich gehört also z. B. die Feststellung des Intelligenzquotienten oder die umfassendere psychologische Untersuchung in der Erziehungs- und Berufsberatung ebenso wie die Untersuchung bei normabweichenden Verhaltensweisen (z. B. neurotische oder psychosomatische Erkrankungen, kriminelles Verhalten).

Das methodische Repertoire umfaßt sämtliche standardisierten psychologischen Tests (z. B. Leistungstests, Neigungs- und Interessenstests), aber auch Anamneseschemata, Formen der Beobachtung, Projektionstests und andere Persönlichkeitstests.

3.1 Überblick über die bedeutsamsten Untersuchungsmethoden der Psychodiagnostik

Bereich A	Bereich B	Bereich C
Dem Erzieher, Sozialpädagogen, Lehrer zugänglich	Dem psychologisch geschulten Fachmann vorbehalten	

Gespräch	Interview	Frage-bögen-erhebung	Beobachtungs-verfahren	Sozio-metrische Verfahren	Anamnese	Formelle und infor-melle Tests und Test-batterien	Inhalts-analysen	Psycho-analytische Verfahren
			– Situations-bedingte Gelegenheits-beobachtungen – Beobachtung nach Rating-skalen (Anhang) – Teilnehmende Beobachtung – Standardisierte Beobachtungs-verfahren nach Kategorien-schemata (Anhang)				– Detail-analysen – Analysen des vor-liegenden Gesamt-materials (z. B. Aus-sagen, Kommunikations-zusammenhang, Mitschnitte über Video-oder Tonband, Dokumente, Tagebücher u.a.m.)	

3.1.1 Erläuterungen zur Übersicht

1. In der Übersicht sind die am häufigsten verwendeten diagnostischen Verfahren zusammengestellt, mit denen auch der Erzieher/Lehrer in seiner Praxis in Berührung kommen kann. Die gründliche Kenntnis und die umfassende Anwendung möglichst vieler Verfahren steigern die Qualität der diagnostischen Aussage. Bei der oftmals lebensentscheidenden Bedeutung der Aussagen von Erziehern/Lehrern über die ihnen anvertrauten Kinder und Jugendlichen ist eine vielfältige Absicherung von Diagnosen und Prognosen dringend anzuraten. Die vorliegende Anleitung dient vor allem der Schulung und Überprüfung des *Beobachterverhaltens*. Die anderen in der Übersicht genannten diagnostischen Verfahren können in unserem Zusammenhang also nur kurz – im Sinne eines flüchtigen Einblicks – beschrieben werden.

2. In der Übersicht wird ferner versucht, durch die Unterteilung der diagnostischen Verfahren in die drei Bereiche A, B, C Hinweise dafür zu geben, welche der Verfahren dem Erzieher/Lehrer bei entsprechender Schulung ohne Bedenken zugänglich sind und welche dem psychologisch geschulten Fachmann vorbehalten bleiben müssen. Der Bereich B bezeichnet den Überschneidungsbereich, der je nach Fall, Situation und Art des Anamnesevorhabens bzw. des Tests dem Erzieher/Lehrer offen steht oder aber den Fachmann erfordert. Die Einteilung kann insgesamt nicht mehr als eine Orientierungshilfe sein, die für Grenzverschiebungen offen ist. So sind z. B. durchaus Beobachtungssituationen denkbar, die wegen ihrer Verflochtenheit und/oder wegen der Anwendung von Kategorienschemata (siehe unten!) besser dem Fachmann überlassen bleiben.

Vielleicht kann es eine brauchbare Regel für den Erzieher/Lehrer sein, lieber einmal mehr den Fachmann zur ergänzenden Diagnose aufzurufen als mit ungesicherten Daten und vorschnellen Interpretationen weitreichende Beurteilungen zu erstellen.

3.1.2 Kurzerläuterungen zu den in der Übersicht genannten diagnostischen Verfahren

3.1.2.1 Mit Gespräch ist in diesem Zusammenhang vor allem die *partnerzentrierte Gesprächsführung* gemeint. Sie verfolgt die Absicht, einem Menschen in einer problemhaltigen Situation durch eine entsprechende Gesprächshaltung die Möglichkeit anzubieten, sich aussprechen zu können und dabei sich selbst in seiner besonderen Situation evtl. besser erkennen und annehmen zu können. Der in erster Linie zuhörende Gesprächspartner leistet also Hilfe zur Selbsthilfe in einer partnerschaftlichen Begegnung. Dies schließt Verhaltensweisen aus, die den das Gespräch Suchenden in Abhängigkeit vom Gesprächsführer bringen. Ebenso blockieren Ratschläge oder Identifikationen mit dem Problem des Gesprächspartners den Prozeß der Selbstwahrnehmung und Selbst-'erkenntnis. Demgegenüber sind für die partnerzentrierte Gesprächsführung v. a. folgende Verhaltensweisen förderlich:

1. Aktives Zuhören, womit ein voll aufmerksames, dem Gesprächspartner zugewandtes Zuhören gemeint ist, das dem Sprechenden (auch durch Gestik und Mimik) anzeigt, daß er verstanden und angenommen wird;
2. Einfühlung in die Situation des Sprechenden und Verbalisieren (= in Worten ausdrücken) der wahrgenommenen Gefühle des Sprechenden;
3. Akzeptieren des Sprechenden in seiner Situation ohne Vorbehalte, d. h. ohne zu werten oder gar zu moralisieren;
4. Paraphrasieren der Aussagen des Sprechenden, worunter die sinngemäße Wiederholung des Gehörten zu verstehen ist. Das Paraphrasieren hilft Wahrnehmungsfehler zu beseitigen und es hält evtl. den Berichtenden an, seine Aussagen und damit seine Selbstwahrnehmung zu präzisieren;
5. Grundsätzliche positive Wertschätzung des Gesprächspartners und Echtheit jeder Verhaltensweise, die der Gesprächsführer in das Gespräch einbringt.

3.1.2.2 Interview heißt die Befragung von Personen mit dem Zweck, Informationen zu einem vorgegebenen Thema zu erhalten. Interviews werden als Methode, z. B. bei der Anamnese, der Erziehungsberatung und in anderen Beratungssituationen und zur Aufdeckung von Einstellungen und Meinungen (politisches Interview, Markt- und Meinungsforschung) verwendet. Je nach Interviewziel und -situation wird zwischen folgenden Hauptformen des Interviews unterschieden:

1. Beim standardisierten Interview sind die Fragen bis ins Detail vorgegeben. Die schriftliche Form des standardisierten Interviews kennt entweder Fragen, die nur ein Ja oder ein Nein erfordern, oder solche Fragestellungen, wo unter mehreren Fragen oder Feststellungen die zutreffende anzukreuzen ist. Schließlich sind noch Fragen mit freier Antwort möglich.

2. Im halbstandardisierten Interview kann der Befragende in entsprechenden Situationen vom Wortlaut der Fragestellung abweichen, dieselbe erklären oder das Fragefeld durch Zusatzfragen ausweiten. Ein vorgegebenes Fragegerüst liegt allerdings auch hier vor.
3. Dagegen stehen beim *Tiefeninterview* lediglich Ziel und Themen fest, der Verlauf bleibt offen.

Bei der Auswertung von Interviewdaten sind allemal verhaltens- und ergebnisbeeinflussende Faktoren auf seiten beider Interviewpartner mit zu berücksichtigen, wie z. B. Vorurteile, Wahrnehmungsfähigkeit, Stimmung, Beherrschung der Interviewmethode.

3.1.2.3 Soziometrische Verfahren

Soziometrie bezeichnet zusammenfassend quantitative Meßmethoden, mit deren Hilfe vor allem die emotionalen Beziehungen in einer Gruppe durch gegenseitige Wahlen nach den Kriterien der Zuneigung und Ablehnung erfaßt werden können.

Das *Soziogramm* hält das Ergebnis eines soziometrischen Tests graphisch fest, indem die Mitglieder einer Gruppe nach ihren gewünschten und nicht gewünschten Beziehungen (z. B. welchen Klassenkameraden hättest du am liebsten als Banknachbarn?) bzw. nach der Häufigkeit ihrer Interaktionen gefragt werden. Im Soziogramm geben verschieden lange Verbindungslinien zwischen den Gruppenmitgliedern Aufschluß über ihre emotionale Nähe oder Distanz. Pfeile geben Hinweise auf die Richtung der Wahl. Das Soziogramm kann als Momentaufnahme der Integrationsdichte und der Sozialbeziehungen in einer Gruppe, z. B. die Besetzung bestimmter Positionen bewußt machen (Führer, Mitläufer, Außenseiter, Paar- oder Cliquenbildung).

Im schulischen Bereich sehr beliebt, darf der Aussagewert des Soziogramms gerade hier nicht überschätzt werden, vor allem, wenn es nur selten durchgeführt wird, da die Sozialbeziehungen bei Kindern und Jugendlichen einem raschen Wandel unterliegen. Außerdem bergen vor allem negative Wahlfragen die Tendenz der Verfestigung von Augenblicksentscheidungen in sich. Als ein Mittel neben anderen (z. B. Feedback, Stimmungsbarometer) leistet das Soziogramm aber für die Situationsanalyse einer Gruppe wertvolle Dienste.

3.1.2.4 Anamnese bedeutet wörtlich Rückerinnerung und umfaßt sämtliche Informationen, die zum Lebenslauf oder zur Krankengeschichte eines Menschen erhoben werden können, und die Methoden der Erhe-

bung. Das Anamnesematerial wird vor allem durch Befragung des Betroffenen und seiner Bezugspersonen gewonnen, wichtige Aufschlüsse geben aber auch Tagebücher, schriftlich fixierte Krankheitsverläufe, Bemerkungen in Schülerbögen usw.

3.1.2.5 Formelle und informelle Tests und Testbatterien

Ein Test ist ein Meßverfahren zur Diagnose von Verhalten und zur Prognose der weiteren Verhaltensentwicklung. Durch Tests können nur Aussagen über Persönlichkeitsmerkmale gewonnen werden, die meßbar, also quantitativ erfaßbar sind, z. B. bestimmte Leistungen (Wahrnehmung, Konzentration, Motorik), Intelligenzhöhe, Interessen, Einstellung. Ein formeller Test muß folgende Kriterien erfüllen:

1. Standardisierung (die Testsituation ist eindeutig definiert, die einzige veränderliche Größe ist das individuelle Verhalten des Probanden).
2. Normierung (es muß ein Vergleichsmaßstab zur Qualifikation des Testergebnisses ermittelt sein).
3. Objektivität (sie ist um so größer, je mehr Untersucher bei der Auswertung des Tests zum selben Ergebnis kommen).
4. Reliabilität (= Zuverlässigkeit, d. h. Genauigkeit der Messung).
5. Validität (= Gültigkeit in bezug auf das gemessene Merkmal).

Im Unterschied zum formellen bzw. standardisierten Test verfolgen *informelle Tests* zwar denselben beschriebenen allgemeinen Zweck, sie erfüllen aber die genannten Kriterien nur bedingt, da sie nicht mit Hilfe wissenschaftlicher Kontrolle erstellt sind.

Moderne Intelligenztests basieren meist auf *Testbatterien*. Bei diesen Verfahren wird die quantitative Aussage, z. B. über die allgemeine Intelligenz oder über die Eignung für eine bestimmte schulische Ausbildung oder für einen bestimmten Beruf auf das Gesamtergebnis gestützt, das verschiedene Tests zu untergeordneten Fähigkeiten ergeben. Die Ergebnisse solcher Testbatterien können graphisch in *Testprofilen* (psychologisches Profil) festgehalten werden, die in übersichtlicher Form die Beziehungen der Einzelergebnisse untereinander und zum Gesamtergebnis darstellen.

3.1.2.6 Inhaltsanalyse bezeichnet nach Mollenhauer/Rittelmeyer (1977) als Methode erziehungswissenschaftlicher Forschung „die Analyse von Kommunikations-Inhalten" im weitesten Sinn, also sowohl verbale als auch nonverbale Äußerungen umfassend. Zwar sind verbale Einheiten wie z. B. Zeitungstexte, Propagandareden, psychotherapeutische Inter-

views, Schulbücher, Liedertexte etc. typische Gegenstände der Inhaltsanalyse, aber es sind mit derartigen Verfahren z. B. auch antike griechi-
sche Vasenmalereien, Melodien, Gebärden, Filme und Intonations-
merkmale der Sprache untersucht worden.

Mollenhauer/Rittelmeyer stellen „zwei Prototypen der Inhaltsanalyse"
vor:

1. „Modelle der inhaltsanalytischen Auswertung einzelner Text- und
   Bildelemente":
   Bei diesem Vorgehen werden bestimmte Elemente des Gesamtmate-
   rials „nach der Häufigkeit, Seltenheit, Intensität oder nach Korrela-
   tionen einzelnen Wörter, Themen, Motive etc." bestimmt. Für die
   Untersuchung sind verbindliche Regeln festgelegt, die einen evtl.
   Nachvollzug ermöglichen.

2. „Modelle, in denen das Material in seinem Gesamtzusammenhang
   auf Argumentationsfiguren, logische Strukturen, linguistische Muster, rhetorische Strategien . . ., konsistente und variierende Urteils-
   muster, gesamtkommunikative Taktiken, semantische Grundmuster
   usw. hin untersucht wird" (= Diskurs-Modelle der Inhaltsanalyse
   nach Krippendorff 1969).

3.1.2.7 Psychoanalytische Verfahren.

Die Psychoanalyse wurde von ihrem Begründer S. Freud als wissenschaftliche Disziplin mit folgenden drei Aufgabenfeldern beschrieben:

„1. eine Nachforschungsmethode, welche darauf abzielt, die unbewußte
   Bedeutung der Worte, der Handlungen, der Bildvorstellungen deutlich zu machen;
2. eine psychotherapeutische Methode, die auf dieser Forschung grün-
   det und sich spezifischer Interventionsmittel bedient, wie der Deutung der geheimen Wünsche und der Widerstände, die ihrer freien
   Äußerung entgegengebracht werden;
3. ein System von psychologischen und psychopathologischen Theorien, das auf den von der Deutungsmethode und von der Therapie
   der Patienten gelieferten Daten aufbaut."
(Vgl. L. Ancona: Lexikon der Psychologie, Band 3. Freiburg, Basel,
Wien 1972, S. 12, 13)

In der Psychoanalyse als psychotherapeutischer Methode geht es um das
Bewußtmachen verdrängter Erlebnisinhalte, und zwar mit Hilfe des
freien Assoziierens (alles unkontrolliert aussprechen, was ihm einfällt)
des Patienten und des Deutens von Äußerungen und von Trauminhalten

durch den Therapeuten. Wichtig für den erfolgreichen Verlauf der Therapie ist es, daß der Vorgang der Übertragung gelingt, in dem sich Gefühle gegenüber Schlüsselfiguren in der frühen Kindheit (Vater, Mutter) auf den Therapeuten richten. Bei diesem Prozeß besteht fortwährend die Gefahr der Gegenübertragung, wenn der Therapeut die Gefühlsäußerungen des Patienten auf sich selbst bezogen interpretiert. Die Therapie gilt als abgeschlossen, wenn die Übertragung im Sinne des Bewußtmachens der verdrängten Erlebnisinhalte aufgelöst werden kann.

3.2 Anmerkungen zum Verständnis der Beobachtung in der erzieherischen Praxis

Aufgaben und Informationen zur Klärung des Beobachtungsvorganges

3.2.1 Aussagen zum Beobachtungsvorgang in der Fachliteratur

Anregung zur Überlegung und Diskussion

1. Streichen Sie Gemeinsamkeiten in den verschiedenen Aussagen an!
2. Versuchen Sie sich die Aussagen durch Anwendung auf konkrete Beobachtungsvorgänge zu verdeutlichen!
3. Versuchen Sie, wesentliche Merkmale des Beobachtungsvorganges aus den angeführten Aussagen zusammenzustellen!

a) Beobachtung ist die 1) „planmäßige, auf eine Veränderung des Beobachtungsgegenstandes gerichtete Betrachtung mit dem Ziel, neue Erkenntnisse zu gewinnen. 2) Eine daraus resultierende oder zufällige Erkenntnis über einen Gegenstand". (Aebi, in: Lexikon der Psychologie 1972)

b) „Beobachtung ist aufmerksame, planmäßige, methodische Sinneswahrnehmung (Meumann). Sie geht über die einfache Wahrnehmung insofern hinaus, als sie durch willkürliche Aufmerksamkeit beherrscht und von einer Zielvorstellung oder leitenden Vorstellung gesteuert wird." (Weis, in: Das neue Lexikon der Pädagogik 1974)

c) „Beobachtung ist ein planmäßiges, intensives, durch ein besonderes Interesse hervorgerufenes und vom Denken und Nachdenken gesteuertes Wahrnehmen und Auffassen..." (Odenbach 1974)

d) „Beobachtung ist die aufmerksame, insbesonders die methodisch durchgeführte Betrachtung eines Objekts, die zu einem Urteil über dieses führt. Beobachtung ist die wichtigste Methode jeder Erfahrungswissenschaft." (Der große Brockhaus)

d) „Beobachtung ist aufmerksame und planvolle Wahrnehmung und Registrierung von Vorgängen an Gegenständen, Ereignissen oder Mitmenschen in Abhängigkeit von bestimmten Situationen." (dtv-Wörterbuch zur Psychologie 1972[6])

f) „Die Tätigkeit ‚Beobachten‘ ist jedoch kein passives Aufsicheinströmen-Lassen von Sinnesreizen, sondern eine Form des aktiven Sich-Aneignens von Wirklichkeit, d. h. der Beobachter gibt seinen Sinneswahrnehmungen eine Richtung, ordnet diese Wahrnehmungen im Hinblick auf einen bestimmten Zweck mit der Absicht, sein Handeln an den Informationen, die er auf diese Weise erhält, zu orientieren. Die Beobachtung ist also gleichsam der ‚Nerv‘ der Erfahrung; durch sie verschaffen wir uns ununterbrochen Rückmeldungen über den Kontext, in dem wir unser eigenes Handeln lokalisieren."

Andererseits aber folgen unsere Beobachtungen auch den Handlungsplänen, die wir im Kopf (oder in den Sinnen) haben; die beobachtende Aufmerksamkeit liest aus der unbegrenzten Fülle möglicher Beobachtungen diejenigen heraus, die für die Handlungspläne relevant sind. Wir können auch sagen: in unseren Beobachtungen nehmen wir nicht diffuse Mengen von Sinnesreizen wahr, sondern Gestalten oder Strukturen (vgl. König 1967).
... Insofern „stellen Beobachtungsberichte theoretisch vorstrukturierte Sachverhalte dar"... Sie sind geleitet von „eingespielten Alltagstheorien" als Basissätze, zudem situations- und gegenstandsgebunden. (Mollenhauer/Rittelmeyer 1977)

Fassen wir zusammen:

Die *Beobachtung* hebt sich von der ungebundenen und lediglich kenntnisnehmenden Wahrnehmung durch folgende *Merkmale* ab:
– Sie ist aufmerksame, gerichtete Wahrnehmung;
– sie bedient sich dabei eindeutig beschriebener Methoden;
– sie bezieht sich auf „Vorgänge an Gegenständen, Ereignissen und Mitmenschen" (dtv Wörterbuch zur Psychologie), die in Abhängigkeit von ganz bestimmten, also auch beschreibbaren Situationen betrachtet werden;
– die Beobachtungsergebnisse werden in geeigneter Weise festgehalten;

– die Beobachtung ist immer von der Absicht geleitet, eine neue Erkenntnis zu gewinnen, meistens mit dem Zweck einer praktischen Nutzanwendung.

3.2.2 Struktur des Beobachtungsvorganges

3.2.2.1 Versuch der Erläuterung durch eine schematische Übersicht (S. 38)

3.2.2.2 Erläuterung des Beobachtungsvorgangs durch ein Beispiel

Der Erzieherin (1.) fällt in ihrer Kindergartengruppe ein knapp sechsjähriger Junge durch seine Inaktivität und seine geringen Kontakte zu anderen Kindern auf (2.). Ihre Sorge wird dadurch verstärkt, daß der Junge zur Einschulung ansteht und ihrem Gesamteindruck nach eben wichtige wünschenswerte Verhaltensweisen vermissen läßt, die im Allgemeinen die Schulfähigkeit kennzeichnen. Um über diesen Gesamteindruck hinaus verläßliche Daten zum Verhalten des Kindes und der damit verbundenen Problematik seiner Schulfähigkeit zu gewinnen, evtl. auch als Grundlage für gezielte fördernde Maßnahmen in der verbleibenden Kindergartenzeit, beschließt sie, eine systematische Beobachtung durchzuführen (5.). Sie geht dabei von der Hypothese aus (4.), daß das nun gezielt zu beobachtende Verhalten des Kindes von mangelndem Selbstvertrauen herrührt, das entweder durch übertriebene Strenge oder durch Überbehütung der Eltern verursacht ist und im Kindergarten im Wechselspiel mit dem Verhalten der anderen Kinder verstärkt wird. Die Erzieherin (1.), die ja gleichzeitig beständig in der Verantwortung für die Gesamtgruppe steht (3.), wählt um ihrer höchstmöglichen Konzentration willen für dieses Vorhaben zweimal täglich eine zeitlich begrenzte Situation (6.) aus, in der das Kind (2.1) jeweils in der Bauecke (2.2) in bezug auf Häufigkeit und Art seiner Aktivität und seiner Sozialkontakte (2.3 und 4.) beobachtet werden kann.
Die Erzieherin entschließt sich aufgrund ihrer bisherigen Kenntnisse und Erfahrungen (1.) für ein Stichwortprotokoll (7.), das sie im Sinne direkter Beobachtung (5.) parallel zu den ablaufenden Ereignissen erstellt. Das beobachtete Kind kann nicht erkennen, daß die Notizen der abseits sitzenden Erzieherin ihm gelten (2.1).

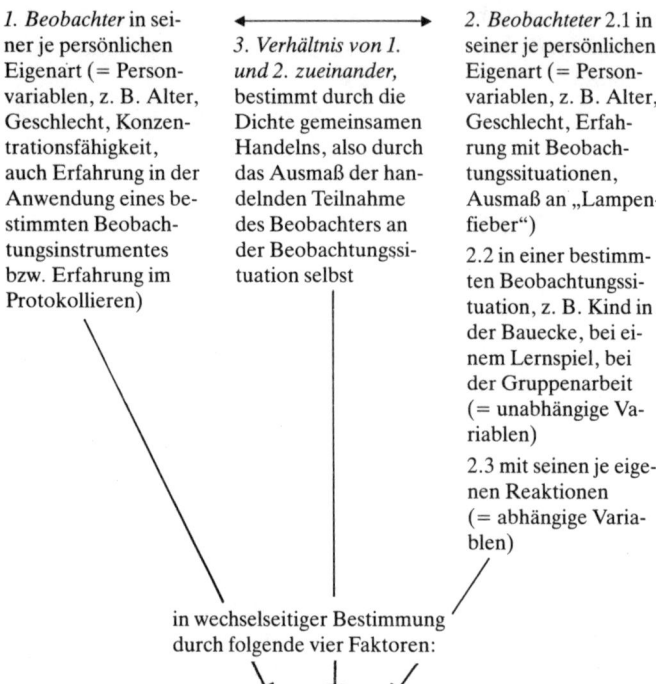

1. *Beobachter* in seiner je persönlichen Eigenart (= Personvariablen, z. B. Alter, Geschlecht, Konzentrationsfähigkeit, auch Erfahrung in der Anwendung eines bestimmten Beobachtungsinstrumentes bzw. Erfahrung im Protokollieren)

◄─────────────►
3. *Verhältnis von 1. und 2. zueinander,* bestimmt durch die Dichte gemeinsamen Handelns, also durch das Ausmaß der handelnden Teilnahme des Beobachters an der Beobachtungssituation selbst

2. *Beobachteter* 2.1 in seiner je persönlichen Eigenart (= Personvariablen, z. B. Alter, Geschlecht, Erfahrung mit Beobachtungssituationen, Ausmaß an „Lampenfieber")
2.2 in einer bestimmten Beobachtungssituation, z. B. Kind in der Bauecke, bei einem Lernspiel, bei der Gruppenarbeit (= unabhängige Variablen)
2.3 mit seinen je eigenen Reaktionen (= abhängige Variablen)

in wechselseitiger Bestimmung durch folgende vier Faktoren:

▼ ▼ ✔

4. *Beobachtungsaspekt,* der grundsätzlich theoriegeleitet ist, d. h. Hypothesen zu Verhaltenszusammenhängen zu überprüfen oder im Sinne eines Erkenntnisgewinns zu finden.
5. *Art des Beobachtungsvorganges* und sein Einfluß auf den Beobachteten, der sehr unterschiedlich ausfallen kann, je nachdem ob ihm der Beobachter z. B. in einem Vorgang der Handlungsforschung (siehe 3.3) oder in einem Experiment begegnet, oder durch direkte bzw. indirekte Beobachtung (siehe ebenfalls 3.3).
6. *Beobachtungsdauer*
7. *Art der Dokumentation des Beobachteten* (z. B. als Protokoll, als Zusammenfassung, als Videomitschnitt ...) und *Art der Auswertung des Beobachtungsmaterials* (z. B. als Schülerbogenbemerkung, zum Zweck klärender Verhaltensbeschreibung, als Basismaterial für die Erstellung eines Therapieplanes, eher wertend oder eher beschreibend ...). (In Anlehnung an Graumann, C. F.: Mikroanalyse des Unterrichtsverhaltens. In: Funk-Kolleg Pädagogische Psychologie 1. Frankfurt/M. 1974, Seite 526.)

Die Erzieherin beabsichtigt, ihre Stichwortprotokolle vorläufig täglich zweimal über 3 Wochen zu erstellen (6.), um für eine Besprechung im Erzieherteam und anschließend mit den Eltern des Kindes ausreichendes Belegmaterial und Anknüpfungspunkte für Fördermaßnahmen zu besitzen (7.).

3.2.3 Wesentliche Voraussetzungen und Merkmale der systematischen Beobachtung

(Zusammenfassung und Ergänzung)

1. Das leitende Prinzip der systematischen Beobachtung ist *Planmäßigkeit,* dem letztlich alle weiterhin aufzuführenden Einstellungen, Voraussetzungen und Entscheidungen untergeordnet werden können. Insofern unterscheidet sich die systematische Beobachtung wesentlich von der alltäglich und ständig geübten *Wahrnehmung,* aber auch von der bewußten durchgeführten *Gelegenheitsbeobachtung,* zu der mich ein aktueller Anlaß in meinem Alltagsumfeld motiviert. Solche auf eine einzige Handlungssituation bezogenen Gelegenheitsbeobachtungen bestimmen zweifellos zum größten Teil die Urteilsbildung und Entscheidungen in der erzieherischen Praxis, sie reichen auch meistens für die Bewältigung des erzieherischen Alltags trotz gelegentlicher Fehlurteile und Fehlentscheidungen aus, für die Bearbeitung schwieriger erzieherischer Fälle oder als Basis gewichtiger Urteile aber sind sie sicherlich allzu unzuverlässig. Es ist somit äußerst bedenklich, wenn aufgrund solcher Gelegenheitsbeobachtungen, deren Qualität übrigens durch Quantität nicht verbessert wird, Schülerbeurteilungen formuliert werden, wie sie z. B. unter 2.1.4 nochmals nachzulesen sind.

2. Das Ausmaß an Planmäßigkeit einer systematischen Beobachtung muß *kontrollierbar* sein, was wiederum nur möglich ist, wenn dieselbe dem methodologischen *Grundprinzip der Wiederholbarkeit* genügt, das ein unverzichtbares Kennzeichen jeder erfahrungswissenschaftlichen (= empirischen) Untersuchung und Forschung ist. Jede systematische Beobachtung muß also in bezug auf Zweck, Durchführung, Instrument, Berichtsform, Auswertungsmodus u. a. m. derart exakt festgehalten werden, daß sie für einen Leser, der etwa als Fachmann an der Urteilsbildung beteiligt werden soll, jederzeit nachvollziehbar ist. Dies bedeutet also, daß ein allemal möglicher Auffassungsunterschied zwischen den tatsächlichen Ereignissen in der Be-

obachtungssituation und im Nachvollzug möglichst gering gehalten werden sollte. Dies wird um so eher gelingen, je genauer die Beobachtungsfaktoren beschrieben sind und je mehr die Handlungsvollzüge in der Beobachtungssituation schlicht beschreibend festgehalten sind. Wertende Formulierungen vergrößern demgegenüber den Interpretationsspielraum und mindern damit die Qualität der Beobachtungsaussage.

Vergleichen Sie zum Gesagten z. B. die Beobachtungsberichte unter 2.1.3 und 2.1.4!

3. Für die Durchführung und den Nachvollzug von Beobachtungen und für Schlußfolgerungen aus denselben ist es unverzichtbar, *Ziel und Zweck der Beobachtung* festzuhalten, also eine Antwort auf die Frage nach dem Wozu des ganzen Unternehmens zu formulieren. Diese Zielformulierung der Beobachtung wird in der Regel von einem aktuellen Anlaß in der erzieherischen Praxis geleitet. Es wird also hilfreich sein, sich diesen aktuellen Anlaß – am besten schriftlich – zu fixieren.

Beispiel

Dem Lehrer X fällt auf, daß der sonst eifrig mitarbeitende Schüler Y seit einiger Zeit „verträumt und passiv herumsitzt" und verdattert auffährt, wenn er vom Lehrer angesprochen wird. Seine Leistungen fallen ab.

Jeder Lehrer, der sich auch für die Lernprozesse seiner Schüler verantwortlich fühlt, wird angesichts der beschriebenen Entwicklung besorgt sein. Das Ziel einer – in diesem Fall wohl angebrachten – systematischen Beobachtung wird sein,

– den bisher eher diffusen Eindruck aufgrund von Gelegenheitsbeobachtungen durch exakte Kenntnisse zum Verhalten des Schülers Y in bestimmten Situationen zu ersetzen,

– dabei Aufschlüsse über evtl. Wirkungszusammenhänge zu bekommen,

– Anknüpfungspunkte für eine Bearbeitung der unerfreulichen Entwicklung zu gewinnen.

– Die streng wissenschaftlich durchgeführte Beobachtung wäre darüber hinaus an einer theoretisch formulierbaren Erkenntnis interessiert bzw. daran, die gewonnene Erkenntnis in eine bestehende Theorie einbringen zu können.

4. Jede Beobachtung ist auf seiten des Beobachters *theoriegeleitet.* Er geht mit bestimmten ausbildungs- und erfahrungsbedingten theoretischen Vorstellungen von erzieherischen Situationen und darin gezeigten Verhaltensweisen an die Beobachtung heran. Bei der eher nebenher durchgeführten Gelegenheitsbeobachtung wird er nur in seltenen Fällen diese leitenden Theorien in ihrem Einfluß auf seine Beobachtungen überdenken. Bei der systematischen Beobachtung ist das Aufdecken der theoretischen Ansätze außerordentlich wichtig: Sie bestimmen zum einen Einstellung und Interesse des Beobachters an der zu beobachtenden Situation wesentlich mit. Zum anderen geben sie die Grundlage für die *Formulierung einer Hypothese* ab, die Vermutungen über die ursächlichen Zusammenhänge in der problematischen Verhaltenssituation beinhaltet.

In diesem Zusammenhang ist es auf jeden Fall vorteilhaft, manchmal sogar notwendig, *Quellen zu sichten,* die für die theoretische Begründung und die Beobachtungshypothese an Informationen erinnern oder sie zusätzlich einbringen können.

Lesen wir *zur Veranschaulichung* der Theoriebestimmtheit von Beobachtungen nochmals den Beobachtungsbericht 2.1.1, wobei wir uns auf den 1. und 2. Abschnitt beschränken wollen.

– Die äußere Erscheinungsform von Wolfgang veranlaßt den Berichterstatter mit Bestimmtheit zu der zusammenfassenden theoretischen Aussage, daß er ein nach Kretschmer asthenischer Typ sei.

– Im selben Abschnitt läßt der Berichterstatter seine theoretisch begründete Neigung erkennen, die Ursache für Wolfgangs Müdigkeit, Antriebsschwäche und motorische Unruhe bei einer organischen Störung zu suchen.

– Im 2. Abschnitt wendet der Berichterstatter seine – wie immer auch gewonnene – theoretische Auffassung über die geglückte bzw. verhinderte Entwicklung von Selbstvertrauen auf Wolfgang an. Er stellt fest, daß Wolfgang durch resigniertes, depressives, oft herabgestimmtes, teilnahmsloses Verhalten, durch offensichtliche Verunsicherung und Ängste Entmutigung signalisiere, die vermutlich auf nicht vorhandenes Selbstvertrauen zurückzuführen sei.

Über die in Auswahl nachgewiesene Theoriebestimmtheit seiner Aussagen hinaus läßt der Berichterstatter aber noch erkennen, in welchem Ausmaß er sich selbst seiner Theoriebestimmtheit bewußt ist und wie bedächtig bzw. forsch er seine Theorien anwendet.

5. Der konkrete Beobachtungsanlaß, seine Ortung in Beziehung zu Theorien, welche die Beobachtung leiten, und die Beobachtungshypothese bestimmen schließlich den *besonderen Aspekt der Beobachtung.* Der Berichterstatter in unserem Beispiel 2.1.1 könnte sich aufgrund der gegebenen Informationen z. B. entscheiden, Wolfgang unter dem Gesichtspunkt seiner Leistungsbereitschaft zu beobachten, d. h. gezielt in Situationen, die an Wolfgang einen Leistungsanspruch stellen.

6. Dabei ist es bei der systematischen Beobachtung, die ja u. a. nachvollziehbar sein soll, wichtig, Beobachtungssituationen festzulegen, die in allen für den Aspekt bedeutsamen Punkten ($\triangleq$ Variablen) *der unmittelbaren Wahrnehmung zugänglich* sind. Das in Frage gestellte *Verhalten des Beobachteten muß beschreibbar (= operationalisierbar) sein.*

Dabei ist es von untergeordneter Bedeutung, ob das Verhalten des Beobachteten mitvollziehend oder nachvollziehend in Form schlichter und ausschließlicher (bei Vermeidung wertender und interpretierender Aussagen) Beschreibung protokolliert wird oder ob der Beobachtung exakt beschriebene mögliche Verhaltensweisen zum Mitstricheln vorausgegeben werden.

In jedem Falle besagt die operationalisierte Verhaltensbeschreibung, daß die Aktivitäten des Beobachteten in ihrem konkreten Ablauf und unter Beschränkung auf das tatsächlich sinnlich Wahrnehmbare beschrieben und damit dem möglichst wirklichkeitsgetreuen Nachvollzug durch einen Leser erschlossen werden.

Es liegt auf der Hand, daß der Forderung der Operationalisierung die mittels Videotechnik (= v. a. eine Funktionseinheit von Fernsehkamera, Aufzeichnungsgerät und Wiedergabegerät) durchgeführte Beobachtung am ehesten entsprechen kann, obwohl auch hier Beobachtungsdefizite durch den Kamerablickwinkel nicht völlig auszuschließen sind.

Anregungen zur Einübung in die operationalisierte Verhaltensbeschreibung

1. Es ist empfehlenswert, bei der großen Bedeutung operationalisierter Verhaltensbeschreibung in der systematischen Beobachtung die Beobachtungsprotokolle unter 2.1 wenigstens auswahlweise nochmals nachzulesen.

2. Versuchen Sie, überschaubare Vorgänge in Ihrer erzieherischen Praxis ausschließlich beschreibend festzuhalten! Überprüfen Sie Ihre Notizen – am besten unter Einbezug von Fremdkontrolle – auf wertende und interpretierende Aussagen und ob sie ggfs. operationalisierbar sind!

7. Einige notwendige *methodische Entscheidung* legen nun noch das konkrete Vorgehen bei der Beobachtung fest. Sie müssen bei der systematischen Beobachtung ebenso wie die inhaltlichen Rahmenbedingungen schriftlich festgehalten werden, da sie evtl. bedeutsame Rückschlüsse über den Aussagewert der Beobachtungsberichte und über die theoretische Einstellung des Beobachters zur Methodenproblematik geben.

Folgende Methodenentscheidungen sind zu bedenken:

– Welche *Beobachtungsform* kommt aufgrund der Anforderungen des vorliegenden Falles und aufgrund der Stellung des Beobachters zum oder im Beobachtungsfeld in Frage? Aufschluß über die möglichen Beobachtungsformen versucht die Übersicht unter 3.3 zu geben.
– Soll durch eine *Situationsauswahl* (= situational sampling) ein immer gleichbleibender Handlungsrahmen für den zu Beobachtenden vorgegeben werden und wenn ja, welche Situation bietet sich dafür an?
– Erweist sich evtl. die Anwendung der *Zeitstichproben-Technik* (time sampling) als güngstig? Dieses Vorgehen bedeutet eine verbindliche zeitliche Festlegung der Beobachtungsphasen; z. B. Beobachtungen über 20 aufeinanderfolgende Tage jeweils von 9.00 bis 9.30 Uhr in der „Freispielphase" und von 10.00 bis 10.30 bei einem gezielten Lernangebot.
– Welche der nachfolgenden Formen *der Dokumentation* ist im vorliegenden Fall angebracht und möglich?
● Das begleitende Stichwortprotokoll
● Das im Anschluß an die Beobachtung notierte Erinnerungsprotokoll
● Eine Ratingskala (= Einschätz-Skala), vgl. Anhang
● Ein vorgegebenes oder selbst erstelltes Kategorienschema, in dem die zu beobachtenden Verhaltensweisen bereits konkret vorformuliert sind (Anhang)

43

- Eine technische Dokumentation auf Tonband, Film oder Video-band (bzw. -kassette)
- Eine schematische Dokumentation, wie sie z. B. bei nachfolgendem Kontaktdiagramm vorliegt.

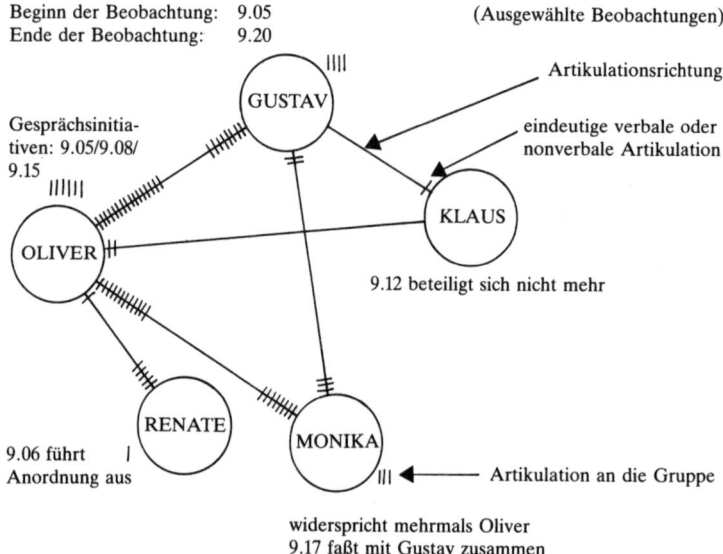

Beginn der Beobachtung: 9.05	(Ausgewählte Beobachtungen)
Ende der Beobachtung: 9.20	Artikulationsrichtung
Gesprächsinitiativen: 9.05/9.08/ 9.15	eindeutige verbale oder nonverbale Artikulation

GUSTAV

KLAUS

OLIVER

9.12 beteiligt sich nicht mehr

RENATE

MONIKA

9.06 führt Anordnung aus

Artikulation an die Gruppe

widerspricht mehrmals Oliver
9.17 faßt mit Gustav zusammen

Auswertung:
Der beobachtete Schüler ist Klaus.
Er nimmt nur einmal mit einem zustimmenden Lächeln Kontakt zu Gustav auf.
Der Gruppenleiter Oliver versucht ihn zweimal zu beteiligen.
Oliver schränkt mit seiner Dominanz die anderen erheblich ein.

- Bei einer wissenschaftlichen Untersuchung müßte noch der Einsatz folgender methodischer Möglichkeiten bedacht werden:
- •• Querschnittuntersuchung, bei der z. B. die Wirkung einer bestimmten Lehrmethode auf Schüler gleichen Alters, aber unterschiedlicher sozialer Herkunft festgestellt wird.
- •• Längsschnittuntersuchung, die am Entwicklungsverlauf bestimmter körperlicher und/oder psychischer Ausprägung und Fähigkeiten über längere Zeit interessiert ist. Z. B. welche langzeitlichen Wirkungen ergeben sich aus mangelnder emotionaler Zuwendung im Säuglings- und Kleinkindalter?

●● Zusätzliche Beobachtung von einzelnen oder Gruppen zur Kontrolle der gesetzten Beobachtungsbedingungen.

●● Ein Beobachtungstagebuch, das gelegentlich beobachtete Ereignisse im erzieherischen Alltag festhält.

8. Die Güte von Beobachtungen steht und fällt mit der *Bereitschaft des Beobachters zur ständigen Bearbeitung und Kontrolle seines Beobachterverhaltens.* Dies bedeutet vor allem die immer nötige Überprüfung der eigenen Wahrnehmung, der Eigenart der Aufmerksamkeits- und Konzentrationsfähigkeit und die Bereitschaft zur Aufdeckung und Bearbeitung möglicher Fehlerquellen bei der Beobachtung. Eine ausführliche Darstellung dieses Punktes wird unter 5 vorgenommen.

3.3 Übersicht über Beobachtungsformen im Rahmen der Hauptmethoden der Psychologie

Beobachtung	Tests	Felduntersuchung	Experiment
Zweck: Verhaltensbeschreibung, vor allem zur Hypothesenprüfung und -findung	= Meßverfahren zur Diagnose von Verhalten und zur Prognose der weiteren Verhaltensentwicklung₂	*Zweck:* Verhaltensvorhersage	*Zweck:* Erklärung und Kontrolle von Verhalten unter genau festgelegten Bedingungen

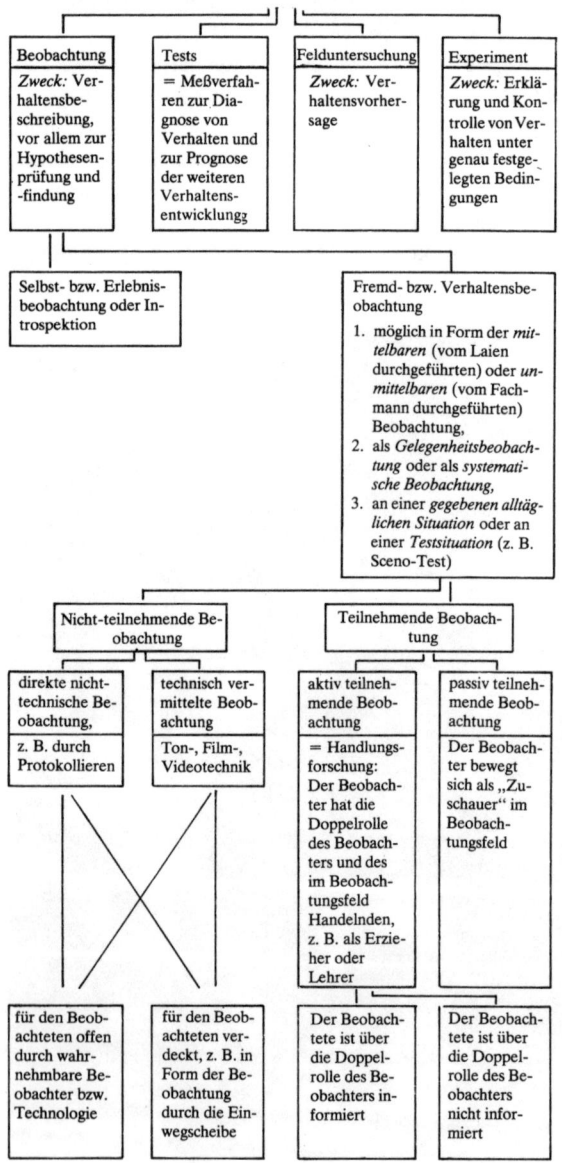

Selbst- bzw. Erlebnisbeobachtung oder Introspektion

Fremd- bzw. Verhaltensbeobachtung
1. möglich in Form der *mittelbaren* (vom Laien durchgeführten) oder *unmittelbaren* (vom Fachmann durchgeführten) Beobachtung,
2. als *Gelegenheitsbeobachtung* oder als *systematische Beobachtung,*
3. an einer *gegebenen alltäglichen Situation* oder an einer *Testsituation* (z. B. Sceno-Test)

Nicht-teilnehmende Beobachtung

Teilnehmende Beobachtung

direkte nichttechnische Beobachtung,	technisch vermittelte Beobachtung	aktiv teilnehmende Beobachtung	passiv teilnehmende Beobachtung
z. B. durch Protokollieren	Ton-, Film-, Videotechnik	= Handlungsforschung: Der Beobachter hat die Doppelrolle des Beobachters und des im Beobachtungsfeld Handelnden, z. B. als Erzieher oder Lehrer	Der Beobachter bewegt sich als „Zuschauer" im Beobachtungsfeld
für den Beobachteten offen durch wahrnehmbare Beobachter bzw. Technologie	für den Beobachteten verdeckt, z. B. in Form der Beobachtung durch die Einwegscheibe	Der Beobachtete ist über die Doppelrolle des Beobachters informiert	Der Beobachtete ist über die Doppelrolle des Beobachters nicht informiert

4 Der Erzieher als teilnehmender Beobachter

Der Erzieher bzw. Lehrer kann meines Erachtens nach entsprechender Einübung jede der unter 3.3 genannten Beobachtungsformen durchführen. Beschränkungen werden ihm also nicht durch mangelnde Kompetenz auferlegt, sondern durch seine Rollen im erzieherischen Alltag und damit durch seine Stellung zu den beobachteten Kindern und Jugendlichen. Er steht im Augenblick der Beobachtung – meistens gleichzeitig am Geschehensablauf mitwirkend – im selben Handlungsfeld wie die Beobachteten. Wenn wir für die nachfolgenden Informationen und Anleitungen zur Einübung in das Beobachterverhalten also an diesem erzieherischen „Normalfall der Beobachtung" Maß nehmen, können wir in der Übersicht unter 3.3 das Beobachterverhalten des Erziehers bzw. Lehrers folgendermaßen orten:

Er betreibt vor allem

– mittelbare Verhaltensbeobachtung,
– und zwar als Gelegenheitsbeobachtung und systematische Beobachtung
– in gegebenen alltäglichen Situationen,
– wobei er aufgrund seiner Aufgabenrollen im Beobachtungsfeld in der Regel auf eine Form der teilnehmenden Beobachtung festgelegt ist.

Die alltägliche Form der Beobachtung ist für den Erzieher/Lehrer in der Regel die aktiv teilnehmende Beobachtung.
Dies bedeutet Einschränkung und Erweiterung der Beobachtungsmöglichkeiten zugleich.
Der Erzieher/Lehrer kann sich als gleichzeitig für Spiel- und Lernsituationen Verantwortlicher und Beobachtender eben nicht voll und ganz auf die Beobachtung konzentrieren, er wird im Gegenteil sogar oft genug von ihr durch seine vorrangigen unterrichtlichen und erzieherischen Aufgaben abgezogen. Die Folge sind u. U. unvollständige Beobachtungsergebnisse, die für stichhaltige Schlußfolgerungen nur bedingt geeignet sind.
Diesen Nachteil kann der Erzieher/Lehrer durch entsprechend häufiges Beobachten im gleichen Situationszusammenhang in etwa ausgleichen.
Der Hauptvorteil teilnehmender Beobachtung aber liegt darin, daß *der Erzieher/Lehrer durch sein Mitleben im Beobachtungsfeld Bedingungs-*

zusammenhänge, Verhaltensentwicklungen und den zu Beobachtenden in der Gesamtheit seines Verhaltens eher wahrnehmen und würdigen kann als der auf einen bestimmten Beobachtungsaspekt innerhalb einer abgesteckten Situation und bei begrenzter Zeit angesetzte Spezialist. Zur Aufdeckung von Fehlerquellen wäre zweifellos die *Kombination von teilnehmender und nichtteilnehmender Beobachtung* ideal, da sie gegenseitig als Korrektiv der jeweiligen Beobachtungsergebnisse herangezogen werden könnten. Einerseits würde die durch sein Miterleben subjektiv eingefärbte „Handlungsforschung" des Lehrers/Erziehers durch die distanzierte und/oder schlicht beschreibende Betrachtungsweise nicht-teilnehmender Beobachtung (z. B. Protokoll nach Beobachtungsschema oder Videoaufzeichnung) diszipliniert.

Andererseits erwachsen den nackten Fakten nicht-teilnehmender Beobachtung aus der ganzheitlichen und miterlebenden Perspektive des beobachtenden Lehrers/Erziehers gewichtige Interpretationshilfen.

Aber noch einmal: Der Normalfall im Unterricht/in der erzieherischen Situation wird der bei der teilnehmenden Beobachtung auf sich allein gestellte Lehrer/Erzieher sein, der sich in Bescheidenheit und kritischer Selbstkontrolle üben muß.

Die Bescheidenheit bezieht sich vor allem auf die *Beobachtungsaspekte.* Der Lehrer/Erzieher muß für seine unterrichtliche bzw. erzieherische Aufgabe handlungsfähig bleiben, darf sich beim Beobachten aber deshalb nicht der Oberflächlichkeit aussetzen.

Also überschaubare Beobachtungszusammenhänge, diese aber möglichst genau wahrnehmen und aufzeichnen!

In den folgenden Abschnitten soll also die aktiv teilnehmende Beobachtung als „Normalfall" der Beobachtung im erzieherischen Alltag dargestellt werden, veranschaulicht durch ein Beobachtungsbeispiel, das mir meine Ehefrau, Gisela Köck, zur Verfügung gestellt hat.

4.1 Feststellung und Formulierung der Ausgangslage einer systematischen Beobachtung

4.1.1 Beispiel

1. Anlaß der Beobachtung

Seit September betreue ich als Erzieherin eine altersgemischte Gruppe im Kindergarten. Die Gruppe besteht aus 20 Kindern. Unter den elf Fünfjährigen fiel mir bald Johannes auf durch seine geringe Konzentrationsfähigkeit, mangelnde Spontaneität und geringe Bereitschaft zu sprachlichem Ausdruck.

Besonders während der sogenannten Freispielzeit, wo er Gelegenheit hat, sich einem selbstgewählten Spiel zuzuwenden, konnte ich Johannes fast immer abseits von seinen Spielgefährten in Zuschauerhaltung ohne sonstige Aktivität beobachten.
Auffälliges Interesse bringt Johannes bei Musik und Rhythmus auf.

2. Aus 1. abgeleitete Aspekte der systematischen Beobachtung

a) Genaue Beschreibung der auffallenden Verhaltensmuster in den Situationen, in denen sie auftreten (Kontaktarmut, Konzentrationsschwäche, Sprachhemmung)

b) Gewinnung von Anhaltspunkten für die Aufdeckung von Ursachen der auffallenden Verhaltensmuster

c) Gewinnung von Anknüpfungspunkten für pädagogische Aktivitäten.

3. Formulierung einer Arbeitshypothese

a) *Kognitiver Bereich*
Die mangelnde Konzentration, auch Motivation (Freispiel), begleitet von nervösen Störungen (Fingerlutschen, Nägelbeißen), läßt Überforderung und im Fall von Johannes auch fehlende elterliche Zuneigung (Aussage der Mutter: „Ein Junge braucht Zärtlichkeit nicht so!") vermuten.

b) *Sozialer Bereich*
Die Kontaktarmut von Johannes scheint auf gestörte Umweltbeziehungen und Anpassungsschwierigkeiten in der Gruppe zurückzuführen zu sein.

c) *Sprachbereich*
Die Sprachhemmungen von Johannes einerseits und sein gelegentliches lautes und aggressives Sprechen andererseits lassen Kontaktschwierigkeiten und nervöse Störungen vermuten.

4.1.2 Erläuterungen und Erkenntnisse

1. Der Bericht geht von Verhaltensweisen eines Kindes aus, die durch Art und Weise und durch die Häufigkeit ihres Auftretens besonders auffallen.
Der Aufwand einer systematischen Beobachtung ist neben den sonstigen vielfältigen Anforderungen des erzieherischen Alltags nur gerechtfertigt, wenn der *Anlaß bedeutsam* ist, d. h., wenn *auffallende Verhaltensmuster* in Erscheinung treten. Die Auffälligkeit solcher Verhaltensmuster besteht in den meisten Fällen ja gerade darin, daß

sie sich nachteilig auf das Kind selbst und/oder auf die Gruppe auswirken und somit die besondere Aufmerksamkeit und Tätigkeit des Erziehers einfordern.

2. Aber selbst auffallende Verhaltensmuster ziehen nicht zwangsläufig systematische Beobachtungen nach sich. Der Erzieher wird vielmehr zunächst versuchen, gestützt auf Gelegenheitsbeobachtungen, das *kindliche Verhalten aus der jeweiligen Situation heraus* und vor dem Hintergrund der gesammelten biographischen Kenntnisse, vor allem aber aufgrund aktueller Ereignisse *zu verstehen und zu interpretieren.*

Dieses Vorgehen wird mit zunehmender erzieherischer Erfahrung eine anwachsende Anzahl auffallender Verhaltensmuster erfassen und trägt damit nicht unwesentlich zur *Entlastung des Erziehers* von vemeintlich problematischen „Fällen" bei. Freilich muß in diesem Zusammenhang auch bedacht werden, daß dieses unmittelbare alltägliche Interpretieren von Verhaltensmustern, Situationen und Ereignissen weitgehend eben unreflektiert abläuft und deshalb mit Voreingenommenheiten, überholten wissenschaftlichen Meinungen, Wahrnehmungsfehlern, emotionalen Gestimmtheiten und dergleichen mehr beladen ist.

Außerdem entzieht es sich als ganz und gar subjektiver erster Zugriff auf etwas Geschehendes der Kontrolle durch Nachvollzug. Die Schülerbeurteilungen unter 2.1.4 z.B. sind nach dem Gesagten mehr als fragwürdig, vor allem wenn wir ihre mögliche Tragweite mitbedenken.

3. Erst wenn die auffallenden Verhaltensmuster nicht mehr durch dieses im erzieherischen Alltag überwiegende unmittelbare Interpretieren bewältigt werden können, ist ihre systematische Bearbeitung unter dem Gesichtspunkt der Bedeutsamkeit (vgl. Punkt 1.) nicht nur angebracht, sondern nötig.

Dabei werden wir im *Sinne eines ökonomischen Vorgehens zuerst die Voraussetzungen überprüfen,* unter denen wir unsere erste unmittelbare Interpretation vorgenommen haben.

So werden wir z.B. durch gelegentliche Gespräche mit dem Kind und dessen Erziehungsberechtigten *unsere Kenntnisse über den biographischen Hintergrund des Kindes vervollständigen und gegebenenfalls berichtigen.*

Oder wir werden unsere *eigene Einstellung* gegenüber Verhaltensweisen, die wir aus welchen Gründen auch immer für auffällige halten, überprüfen.

Schließlich können wir uns manchen Aufschluß, der unsere Sicht der gegebenen Situation zu korrigieren vermag, aus der *einschlägigen Fachliteratur* holen.

Bereits diese Maßnahmen stellen einen ersten Schritt in Richtung des *kritisch hinterfragenden, wenngleich in jedem Fall hypothetischen Interpretierens* dar.

4. Eine weitere Maßnahme auf diesem Wege bietet sich mit der *systematischen Beobachtung an, deren Güte durch das gelungene Ausmaß an Operationalisierung bestimmt wird.*

In diesem Zusammenhang bedeutet *Operationalisierung die Aufzeichnung von Beobachtungen in Form nachvollziehbarer und das heißt auch überprüfbarer Handlungen* des zu Beobachtenden. Diese Forderung bezieht sich vor allem auf die Protokollierung in der Beobachtungssituation selbst. Aber auch die vorbereitenden Überlegungen sollten unter dem Gesichtspunkt der Operationalisierung stehen. Hiermit ist zuerst gefordert, das *Handlungsfeld als Aspekt der Beobachtung* abzustecken. Zweifellos wünschenswert wäre es, aber vom allzu geforderten Erzieher nicht mit letzter Konsequenz zu verlangen, die aufgefallenen und vom Erzieher vorläufig mit bestimmten Etiketten versehenen *Verhaltensmuster in Form konkreter Handlungen zu beschreiben.*

Beispiel
Der unter 4.1 eingefügte Beobachtungsbericht stellt u. a. als auffallendes Verhaltensmuster von Johannes Kontaktarmut fest. Unter dem Gesichtspunkt der Operationalisierung hätte sich die Erzieherin zu fragen, welche konkreten Verhaltensweisen ihr Kontaktarmut signalisieren.
Sie könnte z. B. zu folgenden Verhaltensbeschreibungen kommen:
– Johannes lehnt ein Spielangebot eines anderen Kindes ab.
– Johannes schaut dem Spiel in der Puppenecke scheinbar interessiert zu, schließt sich der Spielgruppe aber nicht von sich aus an.
– Johannes gibt auf mehrere Fragen eines Kindes keine Antwort.
– Johannes spricht nicht mit anderen Kindern beim gemeinsamen Bauen in der Bauecke.
– Johannes sitzt allein an einem Tisch und starrt nägelkauend vor sich hin
   u. a. m.
Mit diesen vorbereitenden Überlegungen steckt der Erzieher also einerseits das Beobachtungsfeld möglichst exakt ab, andererseits gibt

er sich selbst Rechenschaft und nachvollziehenden Lesern Aufschluß über sein Verständnis der zu beobachtenden Verhaltensmuster. Zum Zweck der Objektivierung von Beobachtungen wurden in der Fachliteratur sogenannte *Kategorienschemata* entwickelt, die aber nur mit großem Übungsaufwand beherrscht und angewendet werden können. Beispiele und eine Kurzerläuterung finden sich im Anhang.

5. Wenn die Entscheidung für eine systematische Beobachtung gefallen ist, kommt neben den bereits beschriebenen Gesichtspunkten der Operationalisierung einer *„handlungsleitenden" Hypothese* große Be-

deutung zu. Solche Vermutungen über Ursache-Wirkungs-Zusammenhänge sind bei aller möglichen theoretischen Absicherung zunächst allemal vorläufig. Sie sind vom Beobachter immer wieder kritisch zu hinterfragen, wenn nicht aus „handlungs*leitenden*" Formulierungen handlungs*manipulierende* werden sollen. Es besteht also durchaus die Gefahr, daß die Beobachtungen und/oder ihre Interpretation derart angelegt werden, daß sie die eingangs formulierte Hypothese erfüllen *müssen,* wenngleich die tatsächlichen Verläufe andere Schlußfolgerungen zulassen oder gar nahelegen.

So nützlich also eine Hypothese für die systematische Beobachtung sein kann, indem sie unter anderem das Interesse des Beobachters bestimmt, so kritisch muß sie auch ständig unter dem Gesichtspunkt ihrer *vorläufigen* Handlungsleitung überprüft und gegebenenfalls auch fallengelassen werden.

Mit anderen Worten: Es widerfährt nicht nur jedem Praktiker, sondern auch jedem Wissenschaftler, daß er sich gelegentlich derartig in eine Vermutung, Idee, Vorstellung „verrennt", daß er sich dafür sogar die Wirklichkeit zurechtbiegt. Dem zusätzlich zur Beobachtung mit seinen mannigfaltigen Alltagsanforderungen belasteten Erzieher ist anzuraten, diesen „Selbstbetrug" zu unterlaufen, indem er – wenigstens gelegentlich – einen weiteren Beobachter zur *Gegenkontrolle* einsetzt oder über sein Vorhaben und seine Durchführung mit seinem Erzieher-/Lehrerteam regelmäßig spricht.

Wir werden zu prüfen versuchen, ob die im Beobachtungsbericht (4.1.1) unter 3. aufgeführten Arbeitshypothesen durch die Beobachtungsprotokolle bestätigt oder verworfen werden, und inwiefern die jeweiligen Schlußfolgerungen aus den Protokollen gerechtfertigt erscheinen.

4.2 Anregungen zur Durchführung der systematischen Beobachtung

4.2.1 Fortsetzung unseres Beispiels: Detaillierte Vorstellung des zu beobachtenden Kindes

1. Anamnese (Vorgeschichte)

a) *Angaben zu den formalen Beziehungen in der Familie*
Johannes (5;7) ist körperlich altersgemäß entwickelt. Er hat eine Schwester, Claudia (3;9), die dieselbe Gruppe im Kindergarten besucht.

Vater:

27 Jahre alt

Er ist als Kraftfahrer bei einer Baufirma tätig.

Er ist mir persönlich nicht bekannt.

Mutter:

26 Jahre alt

Sie ist Hausfrau, und nach Meinung des Vaters alleine für die Erziehung der Kinder verantwortlich. Sie erzählt von sich aus, daß sie Claudia bevorzugt, weil ja „Johannes ein Junge ist und alleine zurechtkommen soll, wenn es Streit gibt".

b) Besonderheiten in der Familie
(Die Informationen stammen von der Mutter)

Der Vater trinkt (Quartalsäufer). Er weckt die Kinder auf, wenn er betrunken nach Hause kommt, und will zärtlich zu ihnen sein. Claudia läuft in solchen Situationen zur Mutter, Johannes läßt die Zärtlichkeiten über sich ergehen.

Die Kinder wachen auch oft durch Streit zwischen den Eltern auf. Der Vater schlägt und beschimpft die Mutter und die Kinder, wenn sie zu ihm nicht nett sein wollen. Die Mutter ist auch schon ein paarmal weggelaufen. Sie sagt: „Weglaufen kann man auch nicht immer; ich sperre die Kinder ein, damit sie mein Mann nicht aufwecken kann."

Die Familienatmosphäre ist gespannt. Es gibt oft Streit mit den Schwiegereltern über Erziehungsfragen.

Die Mutter hat meines Erachtens keine Energie, um Wege der Besserung in der Familienatmosphäre anzubahnen, geschweige denn sie konsequent durchzuführen.

c) Informationen aus der Entwicklungsgeschichte von Johannes
(Die Angaben stammen wieder ausschließlich von der Mutter, die einige Fragen gar nicht beantworten konnte, zu anderen nur wenig Erinnerung hatte.)

– Vorgeburtliche Situation:

Johannes ist ein Wunschkind.

– Geburt:

Rechtzeitigkeit: Der errechnete Geburtstermin wurde eingehalten.
Verlauf: 16 Stunden

Gewicht: 6,5 Pfund
Körperliche Auffälligkeit: Gelbsucht gleich nach der Geburt

– *Säuglingsphase und Nehmebereich:*

Stillen: Unregelmäßig
Ernährungs- und Entwöhnungsschwierigkeiten: Die Flaschenmilch erbrach Johannes oft.
Zahnen: Ohne besondere Auffälligkeiten
Krankheiten: Mit dreieinhalb Jahren hatte Johannes eine Operation (Leistenbruch).

– *Krabbelphase und Eroberungsbereich:*

Sitzen: –
Krabbeln: –
Stehen: –
Laufen: Mit eineinhalb Jahren
Lallen: –
Sprechen: Johannes war über ein Jahr alt.
Allgemeine Motorik: Gut entwickelt

– *Trotzphase und Leistungsbereich:*

Sauberkeitserziehung: Mit dreieinhalb Jahren war Johannes sauber;
Methode: Klaps hinten drauf
Lieblingsbeschäftigung: Bauen
Auffälligkeiten: Johannes schlief sehr viel.
Krankheiten: Mit viereinhalb Jahren hatte Johannes Keuchhusten.

– *Kindergartenphase und Gemeinschaftsbereich:*

Verhalten zu Eltern und Geschwistern: Aufgeregtes Sprechen
Freundschaften: Cousin
Auffälligkeiten: –
Krankheiten: Sehr anfällig – besonders für grippale Infekte
Nächtliches Aufschrecken: Wird vom Vater geweckt
Besondere Fähigkeiten und Fertigkeiten: Großes Interesse für Musik, Johannes spielt selbst Flöte.
Lieblingsbeschäftigung: Radiospielen, fernsehen
Auffälligkeiten: Nachdem ich die Mutter auf Fingerlutschen und Fingernägelbeißen des Johannes aufmerksam gemacht hatte, stimmte sie dieser Feststellung zu.

2. Allgemeine Verhaltensbeschreibung aufgrund von Gelegenheitsbeobachtungen

- Johannes besucht den Kindergarten das 2. Jahr. Leider konnte ich über seine Verhaltensweisen von meiner Vorgängerin (Stellenwechsel) nichts erfahren.

  Die Mutter bleibt täglich, wenn sie die Kinder gebracht hat, etwa zehn Minuten im Gruppenraum, beobachtet Johannes und fordert ihn immer wieder auf, „mit etwas zu spielen". Sie macht auch in seiner Gegenwart abfällige Bemerkungen über seine Leistungen. Ich habe darüber mit ihr gesprochen und ihr erklärt, daß ihr Junge sich bestimmt freuen würde, wenn er von ihr gelobt wird.

  Sie stellt des öfteren fest, daß Johannes wenig Interesse an Spielsachen zeigt im Vergleich zu anderen Kindern.

- Johannes kommt z. B. herein und grüßt: „Guten Morgen, Frau Köck." Die Mutter kommt hinterher und gibt Anweisungen: „Anschauen beim Grüßen, lauter sprechen!"

  Nun setzt sich Johannes auf einen Stuhl, meistens neben seine Schwester, und beobachtet fingerlutschend oder nägelbeißend das Spiel seiner Kameraden.

- Manchmal kommt er plötzlich auf mich zu und sagt: „Du, ich war gestern im Kaufhaus. Ich werde ein Cowboy mit einer Pistole."

  Sein sprachlicher Ausdruck weist einen geringen Wortschatz auf. Er spricht nur Dialekt.

  Ich habe dabei den Eindruck, daß er durch sein lautes, aufgeregtes Sprechen unbedingt gehört werden will.

  Das beobachtbare Verhalten der Mutter legt die Vermutung nahe, daß sich Johannes zu Hause nicht aussprechen kann und/oder oft abgewiesen wird.

- Sein Verhalten während des Freispiels ähnelt sich tagtäglich.

- Um festzustellen, ob er motiviert ist, sich selbst oder in der Gruppe sinnvoll beschäftigen zu können, versuchte ich des öfteren, ihn mit einem Spielkameraden zu einem gemeinsamen Spiel anzuspornen.

  Er sagt schlicht: „Ich mag nicht", worauf der andere Junge auch nicht mehr mit ihm spielen wollte.

- Sein Gesichtsausdruck ist der eines Tagträumers. Mit den Fingern im offenen Mund blickt er längere Zeit unbewegt auf einen fixen Punkt, bis er entweder abgelenkt wird oder sich einem anderen Beobachtungsobjekt zuwendet.

- Wenn er mit mir spricht, hat er die Gewohnheit, seine beiden Fäuste vor den Augen zu ballen, um seinen Gesichtsausdruck zu verbergen. Inzwischen spricht er auch schon mit „freiem Gesicht", ungehemmter als am Anfang.

Besonders wenn seine Mutter ihn vor mir auffordert, mir etwas Bestimmtes zu erzählen bzw. wenn etwas von ihm gefordert wird, was er eigentlich nicht möchte, versteckt er sein Gesicht. Inzwischen hat Johannes an Selbstbewußtsein gewonnen, wie aus den letzten Protokollen hervorgeht.

3. Ausgewählte Beobachtungsprotokolle

1. Protokoll

Freispiel:
Bauen mit Constri

24. Januar

8.28 Johannes sitzt auf dem Boden vor dem Constrikasten. Er schaut Gerhard und Martin zu, die auch mit Constri bauen.

8.29 Er fängt jetzt selbst an zu bauen. Er nimmt ein fertiges Teil (längeres zusammengefügtes Stück) heraus. Er spricht kein Wort mit Gerhard und Martin, die sich miteinander unterhalten.

8.30 Johannes dreht den beiden Kindern während des Bauens den Rücken zu. Er betrachtet dabei die spielenden Kinder im Raum.

8.31 Er baut jetzt konzentrierter, sucht sich passende Teile aus dem Kasten heraus.

8.32 Er hat aufgehört zu spielen mit Constri.

8.33 Johannes steht an die Wand gelehnt und beobachtet die Kinder beim Freispiel, während er fingerlutscht. Er rührt sich nicht von der Stelle, lächelt, blickt auf die einzelnen tanzenden Kinder, die nach einer Schallplatte herumspringen.

Kurzzusammenfassung und vorläufige Auswertung

Wenn Johannes das Angebot „Constri" nicht mehr interessiert, fängt er an, sich selbst mit seinen Fingern zu befassen, indem er fingernägelbeißt oder fingerlutscht.
Er hat insgesamt drei Minuten mit Constri gespielt und dann sein Interesse ins Zuschauen verlagert.

2. Protokoll

Freispiel:
Spielen in der Puppenecke

25. Januar

8.47   Johannes spielt ein Kind in der Puppenecke. (Es ist eine „Familie mit insgesamt zwei Kindern".)

8.48   Er versteckt sich in einer Ecke des Raumes. Die „Mutter" soll ihn suchen.

8.50   Er fühlt sich offensichtlich wohl in seiner Rolle. Er lächelt, als ihn die „Mutter" nicht sofort findet.

8.52   Er ist entdeckt. Er krabbelt zurück in die Puppenecke, wo er „verhauen" wird, weil er ausgerissen ist.

8.54   Er spricht mit seinen Mitspielern.

8.55   Er bemerkt meine Beobachtung und läuft draufhin im Raum umher, so daß ich mich „uninteressiert" von der Puppenecke abwende.

Kurzzusammenfassung und vorläufge Auswertung

Johannes spielt eine untergeordnete Rolle in der Kleingruppe. Er wählt selbst die Rolle des „Kindes" in der „Familie".
Er gibt sich mit einer kleinen Rolle zufrieden und verlangt nicht die Rolle des Vaters oder der Mutter, also eine Führungsrolle.
Er reagiert auf die „Reize" verstecken, suchen, finden mit Freude. Es macht ihm Spaß, in einer kleinen Gruppe aufgenommen zu sein.
Die Ausdauer seines Spieles beweist, daß er an einem Kontaktangebot (Kindergruppe) Freude hat, und mehr dadurch motiviert ist als durch ein Materialangebot. Dauer des Spieles: Sieben Minuten.

3. Protokoll

Freispiel:
Anhören einer Schallplatte vom „Räuber Hotzenplotz"

25. Januar

9.00   Im „leisen Zimmer" wollen ein paar Kinder die Platte vom „Räuber Hotzenplotz" hören. Johannes sitzt ruhig vor dem Plattenspieler, horcht aufmerksam zu. (Er hat zu Hause die gleiche Platte.)

9.01   Er kaut an seinen Fingernägeln, stützt sich mit den Ellenbogen auf dem Tisch auf.

9.03   Er lutscht am kleinen Finger, während er zuhört.

9.05   Er wird von einem anderen Kind neben ihm durch ein Buch abgelenkt, er spricht mit dem Kind.

9.07   Er lächelt, streckt sich, spricht wieder, stützt sich auf, hört zu.

9.08   Er geht aus dem Raum.

Kurzzusammenfassung und vorläufige Auswertung

Johannes kennt die Schallplatte vom „Räuber Hotzenplotz". Er hat zu Hause die gleiche Platte. Seine Konzentration ist daher nur sehr gering und er läßt sich schnell ablenken durch ein anderes Kind.

Daß er sich trotzdem in den Kreis der Zuhörer setzt, läßt vermuten, daß er in der Runde aufgenommen sein will, die Gemeinschaft sucht, auch wenn die Reize das Angebots gering sind.

Dauer: Acht Minuten.

4. Protokoll

Freispiel:
Bauecke

6. Februar

10.48   Von der Gruppe der Fünfjährigen haben sich kleine Spielgruppen zu je drei Kindern gebildet. Zwei Kinder spielen alleine.

10.48   Johannes geht suchend im Raum umher, setzt sich zu den drei Kindern in der Bauecke.

Er spielt nicht mit, und hört den Kinder bei ihren Gesprächen zu, mit offenem Mund, lächelt, spricht nicht.

10.50   Er sieht genau auf die Hände der Kinder, ohne selbst mitzubauen oder für sich zu bauen.

10.51   Er legt sich auf den Bauteppich.

10.53   Er kaut an seinen Fingernägeln, lutscht Daumen, zieht sich jetzt in eine Ecke zurück, wo ich ihn nicht mehr sehen kann.

Kurzzusammenfassung und vorläufige Auswertung

Johannes sucht Anschluß bei einer kleinen Gruppe in der Bauecke. Er beteiligt sich nicht am Spiel, sondern verhält sich passiv. Seine Zuschauerhaltung mit offenem Mund läßt geringe Konzentration vermuten. Müdigkeit ist festzustellen, als er den Bauteppich als Liegegelegenheit benutzt.

Da ihm aus eigenem Antrieb die Motivation zum Mitspielen in der Gruppe nicht gelingt, zieht er sich zurück, beschäftigt sich mit sich selbst durch Fingernägel kauen, Daumen lutschen (Ersatzbefriedigungen).

5. Protokoll

Freispiel:
Bauecke

7. Februar

8.19   Zwei Kinder spielen in der Bauecke. Johannes hat eine Lupe in der Hand und sitzt etwa zwei Meter abseits auf einem Stuhl. Er sieht ihnen mit offenem Mund zu, lächelt, schiebt seinen Stuhl näher zur Bauecke hin.

8.21   Er steht auf, wendet sich von der Bauecke ab, sieht ab und zu durch die Lupe, indem er sie ganz nahe an sein Gesicht hält, geht hinaus ins „leise Zimmer".

8.23   Er lehnt an der Wand, sieht mit offenem Mund einer Gruppe beim „Packeselspiel" zu.

Kurzzusammenfassung und vorläufige Auswertung

Johannes kann mit der Lupe nichts Zweckentsprechendes anfangen. Er trägt sie nur mit sich herum. Um besser dem Gespräch der beiden Kinder in der Bauecke zuhören zu können, schiebt er seinen Stuhl näher heran, kann sich aber nicht in das Gespräch einmischen. So bekommt er wieder keinen Kontakt, findet die Bauecke langweilig und sucht andere Gelegenheiten, um anzuknüpfen. Seine Schwierigkeiten, sich in eine Gruppe zu integrieren, entmutigen ihn. Er ist ständig auf der Suche nach einem auffordernden Partner, der ihn „annimmt". Selbst bringt er keine Energie und Initiative auf, um eine Gruppe zu führen.

6. Protokoll

Freispiel:
Johannes beim Perlenauffädeln

7. Februar

8.48   Nachdem Johannes lange suchend umhergegangen ist, entschließt sich meine Mitarbeiterin (M), ihn zum Perlenauffädeln aufzufordern.

8.48 Johannes geht auf das Angebot freudig ein, setzt sich neben M. auf einen Stuhl zum Perlentisch.
Er möchte eine Kette aus braunen, orangen und gelben Perlen fädeln.

8.50 Johannes arbeitet schnell, wird gelobt, ist eifrig geworden, kann Reihenfolge der Farben richtig einhalten.

8.51 Er lächelt zufrieden und freut sich, daß die Kette an Länge zunimmt, nickt auf die Frage, ob er schon oft eine Kette aufgefädelt hat.
Er ist sehr sicher im Finden der richtigen Perlen und muß nicht lange suchen.

8.53 Er arbeitet sehr konzentriert, sieht nur auf die Kette, läßt sich nicht durch andere Kinder ablenken.

8.57 „Ich habe schon zwei Ketten gemacht", sagt Johannes.
M.: „Hast du diese zwei Ketten auch so schnell gemacht?"
Johannes: „Weiß ich nicht." Johannes sieht durch die Lupe die Perlen an.

8.59 Johannes benennt die Farben der Perlen.

9.00 Er läßt sich kurz durch Ursula ablenken und schaut zu ihr hin. Er sieht auch zu anderen Kindern hin. Nun bemüht er sich wieder aufmerksam weiterzuarbeiten. Die Kette ist bis auf ein Viertel der Länge fertig aufgefädelt.

9.02 Johannes: „Habe vom Schorsch einen Wecker gekriegt. Er war kaputt. Ich habe ihn gerichtet." Er lächelt dabei.

9.03 Johannes: „Wie der Tarzan, so lang ist die Kette." Er lächelt und sieht sich sein Werk in der ganz freudigen Art an, die ihm eigen ist, wenn er etwas geschafft hat. M.: „Ich sehe keinen Fehler."
Während Johannes auffädelt, sucht er zugleich nach der nächsten Perle. Johannes: „Die Kette ist jetzt bald fertig."

9.05 Er sucht jetzt alle orangen Perlen heraus, damit es schneller geht.

9.09 Er nimmt zwei Perlen zugleich in die Hand. Die Kette ist fertig. Er nimmt die Lupe wieder in die Hand. Er freut sich, als er gelobt wird. Er will die Kette nicht umhängen, sondern spielt damit, indem er sie in die Luft wirft und auffängt.

Kurzzusammenfassung und vorläufige Auswertung

Dieses Mal wurde Johannes „angenommen", d. h. aufgefordert, mitzuspielen. Die Motivation war gut, weil Johannes die Gelegenheit suchte zu spielen. Seine Ausdauer ist vor allem durch die vielen kleinen Verstärkungen, das Gespräch, Lob, Freude an der schönen Kette zu erklären. Er fühlt sich in seiner Rolle wohl. Er spricht nach 9 Minuten zum ersten Mal. Sogar die ablenkenden Umwelteinflüsse (in diesem Fall Ursula und andere spielende Kinder) sind nicht so stark, um ihn seine Arbeit uninteressant finden zu lassen. Das Erfolgserlebnis, eine fertige Kette, die er fehlerlos aufgefädelt hat, gibt ihm Auftrieb.

Dauer: 21 Minuten.

7. Protokoll

Freispiel:
Spielen mit Papierflugzeug

11. Februar

10.43 Johannes hat ein selbstgefaltetes Papierflugzeug. Er steigt mit zwei Kindern, die auch ein Papierflugzeug gefaltet haben, auf eine Bank, und sie lassen ihre Flugzeuge segeln.

10.45 Er spricht mit Andreas, schreit laut ta-tü-ta-tü, beobachtet mit offenem Mund das Spiel anderer Kinder.

10.46 Er geht ruhelos im Raum umher, setzt sich auf einen Tisch, beißt Fingernägel.

10.47 Er spricht mit Andreas und Christian, läßt Flieger herumsegeln, will Andreas den Fuß stellen, sieht zu mir her, läßt ab von seinem Vorhaben.

10.48 Er kniet auf dem Boden, steht auf, schaut herum.

10.50 Er sieht einer Gruppe von Kindern beim Spiel zu: „Fahre, fahre durch das Tor", steht bei der Bank, Mund geschlossen, sieht Martin zu, der mit selbstgebautem Schiff spielt.

10.51 Er kaut Fingernägel, rührt sich 3 Minuten lang nicht von der Stelle.

Kurzzusammenfassung und vorläufige Auswertung

Das Angebot bringt wenig Reiz für ein Spiel über längere Zeit. Das Spiel der anderen Kinder veranlaßt Johannes, nur vier Minuten bei seinem Flugzeug zu bleiben und sich dann beobachtend den anderen zuzuwenden. Er vermittelt mir den Eindruck, als ob er gerne mitspielen möchte, traut sich aber nichts zu sagen. Ersatzbefriedigung: Fingernägel kauen.

Dauer: 8 Minuten.

8. Protokoll

Freispiel:
Puzzle

15. Februar

10.35 Johannes sitzt schon längere Zeit auf einem Stuhl und kaut Fingernägel.

10.37 Er blickt beobachtend in die Runde und kann sich scheinbar nicht entschließen, selbst ein Spiel anzufangen.

10.40 Er geht nun ins „leise Zimmer" und holt sich ein Puzzlespiel heraus.

10.42 Er versucht, das Puzzle zusammenzusetzen, sieht ab und zu anderen Kindern beim Spielen zu, arbeitet aber nebenbei weiter.

10.47 Mit strahlenden Augen kommt er mit dem fertigen Puzzle zu mir und sagt: „Habe ich ganz alleine gemacht." Ich lobe ihn und beobachte noch weitere vier Male, wie er seine Arbeit mit dem gleichen Erfolg wiederholt. Er kommt jedesmal zu mir und zeigt mir das fertige Puzzle, er wird gelobt.

Kurzzusammenfassung und vorläufige Auswertung

Johannes holt sich zum ersten Mal in der Freispielzeit von sich aus ein Spiel, nachdem er sich längere Zeit mit seinen Fingernägeln beschäftigt hatte. Mit sonst nicht beobachteter Geduld und Konzentration setzt er mehrere Male das Puzzle zusammen und baut an diesen Erfolgserlebnissen und der damit erreichten Anerkennung neue Aktivitäten auf. Dauer: 12 Minuten.

4. Zusammenfassende Schlußfolgerungen aus den Beobachtungs-
   protokollen

– Da Johannes bei gezielten, fremdgesteuerten Beschäftigungen, bei denen er direkt angesprochen und gefordert wird, zumindest anfänglich interessiert mitarbeitet, schien es angebracht, als Situation für die systematische Beobachtung die Freispielzeit zu wählen. Gelegenheitsbeobachtungen hatten bei mir den Eindruck erzeugt, daß sich Johannes in der Freispielzeit oftmals gehemmt, inaktiv, kontaktscheu verhält.

– In allen Protokollen wird m. E. deutlich, daß es Johannes schwer fällt, von sich aus Kontakt zu einzelnen Kindern oder Spielgruppen innerhalb seiner Kindergartengruppe aufzunehmen.

- Seine oftmals beobachtete abwartende Zuschauerhaltung vermittelt mir den Eindruck, als ob er gerne mitspielen würde, aber nicht den Mut aufbringt, sich als Mitspieler anzubieten. Vergleiche die Protokolle 4./5./7./8.!
- Johannes läßt sich hocherfreut mitziehen, wenn ihm von Kindern oder Erziehern ein Spielangebot gemacht wird. Vgl. die Protokolle 2./3./6./ 7.!
- Johannes läßt kaum eigene Motivation erkennen (vgl. die Protokolle 4./5./8.!), seine Motivation ist aber außengesteuert durch Anerkennung seiner Aktivitäten leicht zu entfachen (vgl. die Protokolle 6. und 8.!).
- Johannes hat Sprach- und Verständigungsschwierigkeiten, die aus den Protokollen nicht unmittelbar zu ersehen sind, aber seine gesamte Kommunikation wesentlich beeinflussen. Johannes spicht extremen Dialekt, abgehackt und teilweise selbst für die Kinder nicht verständlich, was sie durch oftmaliges Nachfragen zu erkennen geben.
- Sehr oft ist Johannes beim Fingernägelbeißen oder Fingerlutschen zu beobachten, meistens in Situationen des Zuschauens und Abwartens. Der Schluß auf Ersatzhandlungen liegt nahe.
- Aus den Protokollen 1./3./7. läßt sich eine geringe Motivation zum Durchhalten einer Aktivität ableiten, es sei denn Johannes erfährt immer wieder ermunternde Verstärkungen.

4.2.2 Erläuterungen und Erkenntnisse

1. Bedeutsame Aufschlüsse über die Entstehungsgeschichte von Verhaltensweisen vermittelt oftmals die *Anamnese*. Ihre Ergebnisse sollten ebenso wie diejenigen evtl. durchgeführter Tests zusammen mit den Erkenntnissen aus der systematischen Beobachtung für die Verhaltensbeschreibung zugrundegelegt werden.

> Bitte lesen Sie zur Auffrischung nochmals die Definitionen der Anamnese unter 3.1.2.4 nach! Beispiele für Anamneseschemata finden Sie im Anhang unter 6.3.

In unserem Beispiel erhalten wir durch die Anamnese u. a. die wichtige Information, daß die emotionalen Beziehungen in der Familie offensichtlich erheblich gestört sind. Die Mutter vertritt die Auffassung, daß Johannes als Junge in schwierigen Situationen alleine zurechtkommen muß. Sie begegnet ihm vor allem anweisend und hält sich mit Anerkennung und zärtlicher Zuwendung zurück. Den Vater erlebt Johannes ambivalent, in nüchternem Zustand kaum an erzieherischer Einflußnahme interessiert, betrunken überschwenglich „zärtlich". Johannes läßt diese „Zärtlichkeiten" über sich ergehen. In unserem Beispiel deuten die Informationen aus der Anamnese und die Ergebnisse von Gelegenheitsbeobachtungen Ursache-Wirkungs-Zusammenhänge an, die für die Formulierung von Arbeitshypothesen nützlich sein können, aber nicht zu übereilten Schlußfolgerungen führen sollten. Vielmehr ist es gerade bei solchen scheinbar „eindeutigen" Verhaltensentwicklungen dringend geboten – durch die Daten der Anamnese angestoßen –, über die systematische Beobachtung genauere Auskunft zu bekommen über Situationen und Reize, die die auffallenden Verhaltensmuster begünstigen. Zweifellos stehen die Daten von Anamnese und Beobachtung in einem Wechsel-Wirkungsverhältnis, für die Einleitung pädagogischer und/oder therapeutischer Maßnahmen ist es aber von entscheidender Bedeutung, z. B. zu erfahren,

– wo jeweils die Ursache und
– wo die Wirkung zu suchen ist,
– welche Situationen und Ereignisse verhaltensverstärkend wirken,
– ob sich Ansatzpunkte für verändertes Verhalten in bestimmten Situationen erkennen lassen,
– wie stark der familiäre Einfluß in das alltägliche Verhalten des Kindes im Kindergarten/Schule usw. hineinreicht,
– welche Wirkung auf das Verhalten des Kindes durch geplante Umweltangebote erzielt wird u. v. a. m.

2. Für die systematische Beobachtung ist es unabdingbar, die *Situationen und Bedingungen festzuhalten und einzugrenzen, in bzw. unter denen die auffallenden Verhaltensmuster auftreten.*
In unserem Beispiel ergaben Gelegenheitsbeobachtungen, daß Johannes der Erzieherin regelmäßig in der Freispielphase auffiel, wenn ihm also von der Situation eigengesteuerte Motivation, Entwicklung eigener Interessen und Kontaktaufnahme abgefordert wurden.
Eine Ausweitung der Gelegenheitsbeobachtung auch auf geplante Lern- und Spielphasen, in denen das Angebot von der Erzieherin auf Johannes zukam, brachte das Ergebniss, daß er in solchen Phasen eifrig und über längere Zeit konzentriert mitgeht. Es liegt somit nahe, die systematische Beobachtung auf die Freispielphase einzuschränken. Dies hat gleichzeitig den angenehmen Nebeneffekt, daß

die systematische Beobachtung überschaubar bleibt und für den Erzieher/Lehrer neben seinen weiterlaufenden Tätigkeiten im Beobachtungsfeld überhaupt durchführbar ist.

3. Alle bisher beschriebenen Tätigkeiten des Erziehers fallen in den Bereich der Vorbereitung einer systematischen Beobachtung. Seine letzte Entscheidung in diesem Bereich betrifft die *Bestimmung und den Einsatz technischer Hilfsmittel.*

Dabei wird er sich zunächst selbstverständlich von der Absicht leiten lassen, unter den verfügbaren Mitteln zur Verhaltensaufzeichnung die bestmöglichen auszuwählen (vgl. hierzu die Kriterien unter 4.). Darüber hinaus sollte der Erzieher aber auch hier realistisch vorgehen, d. h. seine Mittelwahl letztlich auch unter dem *Gesichtspunkt der Durchführbarkeit* treffen. Gehen wir z. B. davon aus, daß dem Erzieher eine bewegliche Video-Einheit (Fernsehkamera + Aufzeichnungsgerät + Kontrollmonitor) zur Verfügung steht. Zweifellos halten Film- oder Fernsehdokumente Abläufe mit dem geringsten Verfälschungseffekt fest, wenn wir von gewissen Einschränkungen durch den Kamerablickwinkel einmal absehen. Um z. B. diesen einschränkenden Effekt aber abzustellen, bedarf die Anlage der Bedienung. Das bedeutet also, daß diese Form der Verhaltensaufzeichnung nur in Frage kommen kann, wenn der Erzieher als nichtteilnehmender Beobachter (vgl. 3.3) im Beobachtungsfeld handeln kann. Teilnehmende Beobachtung erfordert zumindest noch einen Helfer für die Bedienung der technischen Anlage. In der Regel wird sich der Erzieher in Ermangelung technischer Aufzeichnungsgeräte und wegen seiner Festlegung als teilnehmender Beobachter (aktiv oder passiv, vgl. 3.3) für eine Form der schriftlichen Protokollierung entscheiden.

Bitte lesen Sie wenigstens ausschnittweise zur Erinnerung nochmals die Beobachtungsberichte im 2. Kapitel!

1. Welche der dort verwendeten Aufzeichnungsformen kommen Ihrer Meinung nach für die systematische Beobachtung überhaupt in Betracht? Begründen Sie Ihre Meinung!

2. Wählen Sie unter den geeigneten Aufzeichnungsformen eine aus, und protokollieren Sie in dieser Form einen überschaubaren (anfangs nicht über 5 Minuten und nicht mehr als 2 Personen) Verhaltensablauf in Ihrer Gruppe/Klasse!

Der Erzieher wird selbst im Umgang mit der systematischen Beobachtung nach und nach zu der Form der Protokollierung finden, die ihm eine möglichst *ökonomische Verhaltensaufzeichnung* gestattet. Ökonomisch bedeutet in diesem Zusammenhang, mit ungeteilter Aufmerksamkeit bei der Beobachtungssituation bleiben zu können und gleichzeitig mit geringstmöglichem Aufwand diese Situation in allen Details festhalten zu können. Um diesen zugegeben hohen Anforderungen gerecht zu werden, empfiehlt es sich, den Beobachtungsvorgang z. B. durch Formblätter vorzubereiten.

Beispiel eines Beobachtungsblattes

Name des Beobachteten: Ort der Beobachtung: Beobachtungssituation: Beobachtungsaspekt: Protokoll-Nr.:	
Zeit	Verhaltensweisen, Situationen, Ereignisse in Form der Beschreibung

Empfehlung

Wenn der Erzieher nach einiger Zeit des Experimentierens *seine* Protokollform gefunden hat, sollte er sich eine größere Anzahl dieses vorstrukturierten Materials kopieren, um jederzeit ohne Verzug und hemmende Vorbereitungen in die Aufzeichnung einsteigen zu können.

4. Für die systematische Beobachtung gelten wie für jede andere Forschungsmethode die *Kriterien der Relevanz, der Objektivität, der Reliabilität und der Validität.* Diese Kriterien werden nachfolgend erläutert.

– *Relevanz* heißt Bedeutsamkeit, Wichtigkeit. Wir begegneten dem Kriterium Relevanz bereits unter 4.2.1. Dort sollte es *Entscheidungshilfe sein für die Auswahl der Beobachtungsform.* Die meist sehr aufwendige systematische Beobachtung wird erst durchgeführt, wenn die gegebene Problemlage relevant (= bedeutsam) ist und mit weniger aufwendigen Mitteln nicht bearbeitet werden kann. Darüber hinaus muß aber auch die Methode der Verhaltensaufzeichnung selbst, in unserem Fall die systematische Beobachtung mit ihren verschiedenen Instrumenten, grundsätzlich geeignet sein, *das Bedeutsame zu erfassen.*

Bitte lesen Sie unter diesem Gesichtspunkt vergleichend z. B. die Schülerbeurteilungen unter 2.1.4 und einige Beobachtungsprotokolle unter 4.2.1!
Achten Sie bei 2.1.4 insbesondere auf die zahlreichen Urteile, Unterstellungen und Vermutungen! Ob sie das *tatsächlich* Bedeutsame treffen, ist zumindest fraglich.

– *Objektivität* kennzeichnet das Bemühen, ausschließlich am gegebenen Sachverhalt selbst orientiert und d. h. vor allem unter Ausschluß subjektiver Einflüsse zu forschen und Aussagen zu formulieren. Gegenüber dieser herkömmlichen idealistischen Beschreibung bescheiden sich Mollenhauer/Rittelmeyer (a. a. O., 1977) mit der Feststellung:
„Die Objektivierung ermöglicht anderen den gedanklichen oder materiellen Nachvollzug behaupteter Sachverhalte ..." (S. 117)
„Insofern wissenschaftliche Beobachtungsverfahren aufgrund explizierter (= ausdrücklich genannter; Köck) Verfahrensregeln eindeutig reproduziert (= nachvollzogen, wiederholt; Köck) werden können, nennen wir sie objektiv." (S. 118)
Das oben angebotene Beispiel eines Beobachtungsblattes nennt die Verfahrensregeln ausdrücklich und setzt damit den Leser in die Lage, das beschriebene Geschehen nachvollziehen zu können. Der Beobachter entspricht im Rahmen der gesetzten und für den Leser eindeutigen Verfahrensregeln dem Kriterium der Objektivität in dem Maße, als er sich auf bloße Beschreibung des Wahrgenommenen beschränkt. Nach unseren Überlegungen und Übungen zum Vorgang unserer Wahrnehmung steht damit aber auch fest, daß es absolute Objektivität beim Beobachten nicht geben kann.

Die Besprechung von Verhaltensdokumenten, die mit Hilfe der Film- oder Fernsehtechnik erstellt wurden, macht immer wieder deutlich, daß die Zuschauer selbst nach mehrmaligem aufmerksamen Betrachten selten zu übereinstimmenden Wahrnehmungsergebnissen kommen. Noch deutlicher fällt dieser Effekt bei der Befragung von Unfallzeugen u. dgl. auf.

Unser Ziel muß also sein, den *tatsächlichen Ereignissen durch möglichst hohe Aufmerksamkeit, Ausschaltung von Vorurteilen und Wertungen und durch die Verwendung geeigneter Hilfsmittel* (vorbereitete Beobachtungsblätter, Video-Einheit...) *möglichst nahe zu kommen.* Damit haben wir im Sinne der Objektivität das uns Mögliche erreicht.

– *Reliabilität* bedeutet Verläßlichkeit bzw. Zuverlässigkeit und macht eine Aussage darüber, ob ein Meßinstrument unter gleichen oder vergleichbaren Bedingungen zu demselben oder einem annähernd übereinstimmenden Ergebnis führt.

Ein Test z. B. kann dann als zuverlässig, als reliabel, angesehen werden, wenn er das zu bestimmende Merkmal so genau mißt, daß sich bei einer Wiederholung der Testung unter gleichen Voraussetzungen an denselben Gegenständen oder demselben Personenkreis das gleiche Resultat ergibt. Für die systematische Beobachtung bedeutet dies die Aufbereitung der Aufzeichnungsform in einer Weise, daß die tatsächlichen Verhaltensabläufe anhand des Protokolls nachvollzogen werden können. Der Interpretationsspielraum muß deshalb gering gehalten werden, was wiederum vor allem durch eine bloß beschreibende Protokollierung erreicht wird.

Vergleichen Sie bitte die eher beschreibend abgefaßten Protokolle unter 2.1.2/2.1.3 und 4.2.1 mit den eher wertenden Verhaltensbeschreibungen unter 2.1.1 und 2.1.4! Achten Sie insbesondere auf die festgeschriebenen Urteile unter 2.1.4, deren Formulierungen aber je nach Verständnis vieldeutig interpretiert werden können!

– *Validität,* wörtlich übersetzt Gültigkeit, fragt in unserem Zusammenhang z. B. danach, ob das gewählte Verfahren dem Zweck des Forschungsvorhabens überhaupt angemessen ist und gültige Ergebnisse bringen kann.

In unserem Beispiel fragte sich die Erzieherin angesichts der auffallenden Verhaltensmuster zuerst, ob nicht auch Gelegenheitsbeobachtungen ausreichende Informationen für eine Urteilsbildung und für die evtl. Ableitung pädagogischer Maßnahmen bringen könnten. Die wünschenswerte Genauigkeit und die evtl. weitreichenden Folgen für Johannes ließen letztlich die systematische Beobachtung als angemessen erscheinen.

Anders würde die Verfahrensentscheidung wohl ausfallen, wenn man Aufschlüsse über den Intelligenzquotienten von Johannes gewinnen wollte. In diesem Fall könnte die systematische Beobachtung sicherlich auch erläuternde und ergänzende Informationen beisteuern, als Meßmethode kämen aber in erster Linie Intelligenztests in Frage. Nur sie können hier ein Ergebnis bringen, das als Meßzahl in Vergleich zu genormten Durchschnittswerten gesetzt werden kann. Validität bedeutet also, ob das gewählte Forschungsverfahren für das geplante Vorhaben überhaupt paßt bzw. das bestmögliche unter verschiedenen verfügbaren Verfahren ist.

Während die Ausführungen unter den Punkten 1.–4. Erläuterungen und Anregungen zur Vorbereitung und Durchführung der systematischen Beobachtung vermitteln sollten, beziehen sich die nachfolgenden Punkte 5.–7. auf die „Nacharbeit", also auf die Auswertung und die Art der Aufbewahrung der Beobachtungsprotokolle.

5. Eine systematische Beobachtung wird nicht nur um ihrer selbst willen durchgeführt, sondern um verläßliche Daten über Verhaltensabläufe, Ursache-Wirkungs-Zusammenhänge, Entwicklungstendenzen u. dgl. m. zu erhalten. Sie dient also letztlich bei aller grundsätzlich gebotenen Vorsicht der *Meinungsbildung über einen problematischen Sachverhalt.*

Im wissenschaftlichen Forschungsvorhaben kann diese Meinungsbildung u. U. durchaus das Endprodukt des Unternehmens darstellen, im pädagogischen Bereich kann sich der Praktiker aber mit der Feststellung und Beschreibung von Situationen und Zusammenhängen allein nicht begnügen. Er muß Maßnahmen ableiten können, die in bezug auf die Schlußfolgerungen geeignet erscheinen, verändernd auf die auffallenden Verhaltensmuster einwirken zu können.

Im einen wie im anderen Fall, beim Forscher wie beim Praktiker, hängen Ergebnis und Weiterbehandlung wesentlich davon ab, ob die *Schlußfolgerungen und Erklärungen aus den Protokollen logisch einwandfrei abgeleitet wurden.*

In diesem Zusammenhang sei auch nochmals auf die allemal mögliche Versuchung hingewiesen, die Schlußfolgerungen aus den Beobachtungsdaten auf die Hypothesen hinzuformulieren. Es erweist sich deshalb als günstig, zuerst die Schlußfolgerungen z. B. als Zusammenfassung von gehäuft aufgetretenen gleichen Verhaltensweisen in bestimmten Situationen zu formulieren und dann erst in einen kritischen Vergleich mit den gesetzten Hypothesen einzutreten. Am ehesten noch werden bei der Verhaltensbeschreibung und den abzuleitenden Schlußfolgerungen Fehler vermieden, wenn die beobachteten Verhaltensmuster in operationalisierter Formulierung vorliegen, so daß die Verhaltensaufzeichnungen damit verglichen werden können. Da operational beschriebene Verhaltensweisen eine Konkretisierung, man könnte auch sagen Aufschlüsselung von Verhaltensetiketten (wie z. B. Kontaktarmut, Leistungsangst), darstellen, führt der geforderte Vergleich unmittelbar zu einer Bestätigung oder Verwerfung (= Verifikation bzw. Falsifikation) des Verhaltensetiketts.

Bitte lesen Sie zur Auffrischung nochmals die Anmerkungen zur Operationalisierung unter 4.1.2 Punkt 4. nach! Das Ausmaß an Operationalisierung bestimmt letztlich die Güte einer systematischen Beobachtung.

6. Beobachtungsprotokolle und -ergebnisse im Bereich der pädagogischen Praxis sind *Basismaterial,* das für den Nachvollzug von Verhaltensabläufen und Verhaltensentwicklungen und für pädagogische Entscheidungen *jederzeit übersichtlich geordnet zur Verfügung stehen soll.*
Die nachfolgenden Anregungen hierzu sind wiederum als ausgewählte Vorschläge gemeint, die dem Praktiker evtl. helfen können, sein Ordnungssystem unter ökonomischen Gesichtspunkten zu überprüfen und gegebenenfalls zu verändern.
– In einer zahlenmäßig überschaubaren Gruppe (etwa bis zu 20 Gruppenmitgliedern) kann es der Erzieher wohl verkraften, für jedes Gruppenmitglied eine eigene *Materialsammlung oder Materialmappe* anzulegen.
Um sich während des laufenden Arbeitsjahres von formalen Tätigkeiten zu entlasten, sollte er sofort bei Übernahme seiner Gruppe diese Materialmappen mit den persönlichen Daten *beschriften, Registerblätter* z. B. mit den Vordrucken Anamnesedaten, Beobachtungsprotokolle, soziometrische Daten, Arbeitsergebnisse (z. B. Zeich-

nungen) einlegen und die Mappen *alphabetisch geordnet aufbewah-*
ren. Daneben wird er sich *Vordrucke für Beobachtungen* (vgl. 4.2.2
Punkt 3.) in ausreichender Anzahl bereitlegen.
Die folgende Informationsbeschaffung richtet sich nach Gelegenheit
(z. B. Besuch der Mutter) und Aktualität (z. B. auffallendes Verhaltensmuster). Wichtig ist jeweils die sofortige Ablage des gewonnenen
Materials unter dem zugehörigen Registerblatt. Innerhalb von 2 bis 3
Monaten kann der Erzieher auf diese Weise eine zuverlässige und
von vornherein übersichtlich geordnete Datensammlung über die
einzelnen Mitglieder seiner Gruppe bekommen. Eine *zusätzliche*
Mappe für gruppenbezogene Informationen wie z. B. Soziogramme
rundet die Datensammlung ab.
– Für größere Gruppen (z. B. Klassen) kommen wegen der zumutba-
ren Belastung des Erziehers/Lehrers evtl. eher *Informationsblätter*
oder Diagnosebögen in Frage, die pro Klasse in einem Ringordner
(DIN A 4) alphabetisch zusammengefaßt werden. Das übliche No-
tenbüchlein reicht meines Erachtens keinesfalls aus, es sei denn, der
Benutzer wäre allen Ernstes der Meinung, Notenentscheidungen und
Schülerbeurteilungen könnten ausschließlich auf Zahlen und einige
Stichworte gestützt werden. Solche Diagnosebögen bieten die Möglichkeit, neben den Noteneintragungen unter vorbereiteten Rubri-
ken Notizen z. B. zum Leistungsverhalten, Sozialverhalten, körperliche Disposition u. a. m. aufzunehmen.

> Vorschläge zur Gestaltung von Diagnosebögen finden Sie im
> Anhang unter Punkt 6.4.

– Eine besonders umfangreiche Form der Verhaltensaufzeichnung ist
mit der *Fallstudie* gegeben, deren Kernstück wieder die systematische Beobachtung ist.
Die Fallstudie, die bei der Aufzählung klinischer Methoden in der
Pädagogik erwähnt wird, entwickelte sich als ‚case method‘, Fallmethode, zuerst in Amerika. Ihren Ursprung hatte sie an der Graduate
School of Business Administration der Harvard University in Boston
im Jahre 1908.
Durch diese praxisnahe Gegebenheiten einbeziehende Methode sollen vor allem zwei Ziele realisiert werden:
1. die Formung der Persönlichkeit durch Förderung bestimmter Eigenschaften

2. die Vermittlung der Technik des Entscheidungsprozesses unter Anwendung des theoretischen Wissens auf konkrete Situationen.

Dabei spielt die Bearbeitung des Falles in der Kleingruppe, im teamwork, eine entscheidende Rolle.

Die Fallstudie, bei der man sich für eine Lösungsmöglichkeit zu entscheiden hat, ermöglicht den Lernenden das Aktivwerden in wirklichkeitsnaher, praxisähnlicher Form. Selbständigkeit und Kritikfähigkeit werden gefördert.

Bei der Lösung eines schriftlich vorgelegten Falles, der in gemeinsamer Gruppenarbeit und Diskussion aufgegliedert und gelöst werden soll, sind drei Bereiche von grundlegender Bedeutung:

1. Art und Umfang der Information über die Daten, die für die Fallentscheidung notwendig sind.
2. Herausfinden des Kernproblems bzw. des bereits vorhandenen Kenntnisstandes über dieses Problem
3. Die Problemlösung durch Untersuchen, Gliedern und Analysieren der vorhandenen und gegebenen Daten, die auf eine Entscheidung abzielt.

Somit ergeben sich die drei Aufgaben:

Information, Problemfindung, Problemlösung.

Entsprechend der jeweiligen graduellen Schwerpunktverlagerung auf die einzelnen Aufgaben lassen sich folgende unterschiedliche Arten der Fallmethode aufführen.

Entscheidungsfall, Problemfindungsfall, Beurteilungsfall, Informationsfall und Untersuchungsfall.

Die folgende Übersicht versucht die genannten Arten der Fallmethode zu entschlüsseln:

		Information	Problem-lösung	Problem-findung
1	Entschei-dungsfall – case method –	alle Informa-tionen werden gegeben	das Problem wird aufge-zeigt und genannt	Aufgabe ist die Lösung des Problems
2	Problemfin-dungsfall – case study method –	alle Informa-tionen werden gegeben	das Problem muß gefunden werden	Aufgabe ist die Lösung des Problems

		Information	Problem-lösung	Problem-findung
3	Beurteilungs-fall – case pro-blem method	alle Informa-tionen werden gegeben	das Problem wird aufge-zeigt und genannt	Die Lösung des Problems wird zur Beur-teilung mit den übrigén Daten oder nach der Selbstlösung zum kritischen Vergleich gegeben
4	Informations-fall – incident me-thod –	es werden keine oder nur unzureichende Informationen gegeben. Der Diskussions-oder Grup-penleiter er-fragt diese	das Problem wird aufge-zeigt und genannt	Aufgabe ist die Lösung des Problems
5	Unter-suchungsfall – project me-thod –	es werden kei-ne Informatio-nen gegeben – Daten sind durch entspre-chende Unter-suchungen zu finden	das Problem wird aufge-zeigt und genannt	Aufgabe ist die Lösung des Problems

7. Mit der Ablage der Beobachtungsprotokolle und ihrer Auswertung kann das Unternehmen nicht als beendet betrachtet werden. Gerade bzw. zumindest in Fällen, bei denen die aus der systematischen Beobachtung abgeleiteten pädagogischen Maßnahmen von weitrei-chender Bedeutung sind, sind die *Beobachtungsergebnisse in ihrer Gültigkeit ständig zu überprüfen und gegebenenfalls auch abzuän-dern.*

Pädagogische Begegnung lebt im Sinne kommunikativen Handelns von der Wechselbeziehung der Aktionen und Reaktionen aller an dieser Begegnung Beteiligten. Die mögliche Tragweite erzieherischer Einflußnahme schließt Experimente aus, weshalb mit Einfühlung und sensibler Aufmerksamkeit wahrgenommene Unstimmigkeiten bei Be-obachtungsergebnissen sofort zu bearbeiten sind.

4.3 Ermittlung durchführbarer und erfolgversprechender Maßnamen zur Veränderung der auffallenden Verhaltensmuster

Die systematische Beobachtung endet in der erzieherischen Praxis nicht mit Aufdeckung und Beschreibung auffallender Verhaltensmuster. Sie wird vielmehr von vornherein zu dem Zweck durchgeführt, der Gesamtsituation angemessene Maßnahmen einzugrenzen, die für eine verändernde Bearbeitung der auffallenden Verhaltensmuster geeignet erscheinen. Die Diagnose dient also einer möglichst überlegten und zielgerichteten „Therapie".

4.3.1 Fortsetzung unseres Beispiels

In Absprache mit dem Erzieherteam erstellte die Erzieherin einen Rahmenplan für pädagogische Maßnahmen. Über einen solchen Rahmenplan hinaus einzelne pädagogische Aktivitäten für längere Zeit festzulegen ist problematisch, da auf diese Weise der Aktualität pädagogischer Situationen unter Umständen zu wenig Rechnung getragen wird. Eine Ausnahme bildet hier lediglich der „Therapieplan" nach den Regeln der Verhaltensmodifikation, deren Effekt ja gerade von der exakten Planung und Durchführung z. B. von Verstärkungsmustern abhängt.

Rahmenplan in unserem Beispiel

1. Die Beobachtungsprotokolle lassen auffallende Verhaltensweisen vor allem im sozialen Bereich erkennen. Wenn wir die Informationen aus der Anamnese hinzunehmen, wird deutlich, daß die Ursachen dafür in erster Linie bei den gestörten emotionalen Beziehungen in der Familie zu suchen sind. Jede pädagogische Maßnahme im vorliegenden Fall wird also im Ausmaß ihrer Wirkung davon abhängen, *inwieweit die Eltern für die gegebene Problemlage aufgeschlossen und in die Verhaltensänderung einbezogen werden können.* Am günstigsten wäre es für die Entwicklung von Johannes zweifellos, wenn des Vaters Alkoholexzesse abgebaut und die Einstellung der Eltern zu ihren Kindern verändert werden könnten. Auf den Alkoholkonsum des Vaters hat die Erzieherin aber gar keinen Einfluß und auf die Einstellung der Eltern zu ihren Kindern einen mehr oder minder eingeschränkten Einfluß.
   Die Erzieherin wird also mit einfühlender Vorsicht und Geduld im Sinne eines Langzeitunternehmens versuchen, die Eltern – im Falle von Johannes vor allem die erreichbare Mutter – Einsicht in Ursa-

chen, Wirkungen und Veränderungsmöglichkeiten der auffallenden Verhaltensmuster von Johannes gewinnen zu lassen. Die Besprechung aktueller Ereignisse im Eltern-Kind-Bezug und im Kindergarten bietet sich an, da die Mutter gerne „Ansprache sucht" bei der Erzieherin, wenn sie Johannes bringt oder abholt.

2. *Im Kindergarten sind Spielsituationen* anzubieten, in denen Johannes zur Überwindung seiner Kontaktschwierigkeiten sein Selbstbewußtsein stärken und seine Hemmungen im Zugehen auf andere abbauen kann. Die Außensteuerung der Sozialkontakte von Johannes muß schrittweise von der Eigensteuerung abgelöst werden.
Folgende Spielsituationen bieten sich an:
   - Aufforderung zu Gruppenspielen durch die Erzieherin
   - Aufforderung zu Gruppenspielen durch Kinder
   - Übernahme verschiedener Rollen in Gruppenspielen, z. B. im Familienspiel nicht nur die Rolle von Kindern (die Johannes bisher ausschließlich spielt), sondern auch die Rolle des Vaters u. a., die eine dominante Stellung haben.
   - Spiele, in denen Johannes Spielpartner wählen muß.

3. Den *Konzentrationsschwierigkeiten* von Johannes kann durch ein auf die jeweilige Situation abgestelltes Verstärkungssystem begegnet werden, da Johannes sehr auf Lob anspricht. Dabei ist im Auge zu behalten bzw. für überschaubare Zeitabschnitte genau zu planen, daß die Spielangebote die erreichte Konzentrationsfähigkeit nicht überfordern und die Verstärker durch allzu häufigen Gebrauch nicht abgenutzt werden.

4. Die *Sprachhemmungen* werden vorläufig sozusagen nebenbei bearbeitet. Es ist anzunehmen, daß Johannes sie mit dem für ihn zunächst wichtigeren Zugewinn an Selbstbewußtsein und über häufiges Agieren in Spielen, vor allem in Rollenspielen, von alleine überwinden wird.
Eine logopädische Betreuung wegen seines undeutlichen Artikulierens und Stotterns kann evtl. noch notwendig werden.

5. Das *Fingerlutschen und Nägelbeißen* von Johannes stellt sich je nach beobachteter Situation als Leerlauf- oder Ersatzhandlung dar. In jedem Fall reagiert Johannes auf diese Weise innere Spannungen (unbefriedigte Bedürfnisse, Kräftestau = Aggressionen) ab. Zur Entwöhnung liegt deshalb nahe, ihm die Möglichkeit eines sinnvollen, konstruktiven Abreagierens von Kräften in entsprechenden Spielsituationen anzubieten. Tadelnde Vorwürfe bringen jedenfalls

nichts zum Kräfteabbau und zur Bedürfnisbefriedigung ein, sie prägen lediglich dem unerwünschten Symptom noch das Ettikett der Strafe auf.

4.3.2 Erkenntnisse und Erläuterungen

Die wichtigsten Erkenntnisse zu diesem Schritt der systematischen Beobachtung sind aus dem Beispielbericht unmittelbar ersichtlich, weshalb eine Kurzzusammenfassung genügt:

1. Es ist wichtig, bei der Ermittlung von Maßnahmen zur Veränderung auffallender Verhaltensmuster darauf zu achten, daß der *unmittelbare Bezug zu den Beobachtungsprotokollen und den Schlußfolgerungen* nicht verloren geht. Es ist also bei jeder aus aktuellem Anlaß eingesetzten Maßnahme immer wieder zu fragen, ob sie den problematischen Sachverhalt auch trifft.

2. Bei der Erstellung des Rahmenplans der pädagogischen Maßnahmen ist es zunächst durchaus sinnvoll, *alle in Frage kommenden Maßnahmen unter Mithilfe eines informierten Teams aufzulisten.* Es ist für die erfolgversprechende Bearbeitung des Falles zweifellos günstiger, in einer *nachfolgenden kritischen Auswahl* undurchführbare Maßnahmen auszufiltern als den Blickwinkel für mögliche Maßnahmen von vornherein einzuschränken.

3. Oft wird der Erzieher/Lehrer der verständlichen Versuchung der Resignation ausgesetzt sein, wenn er Erfolg oder Mißerfolg seiner *Bemühungen in Abhängigkeit von der Mitarbeit der Erziehungsberechtigten* sieht. Nicht selten sind *sie* die eigentlich Behandlungsbedürftigen. Mit direkter Einflußnahme auf das Verhalten der Erziehungsberechtigten wird der Erzieher meistens auf eine unüberwindbare Grenze stoßen, ganz davon zu schweigen, daß er seine Kompetenzen damit sowieso schon überschreitet. Ebenso aber weiß jeder Praktiker, daß noch so ausgefeilte Therapiepläne zu keinem oder nur einem sehr eingeschränkten Erfolg führen können, wenn die Erziehungsberechtigten ihre Mitarbeit versagen oder gar den Bemühungen der Erzieher entgegenarbeiten. Aus diesem Dilemma führt oftmals nur die pädagogische Grundeinstellung, lieber einen kleinen und unter Umständen mühevollen Schritt in Richtung wünschenswerter Veränderung zu gehen als gar keinen. Und manchmal muß sogar Erfolg genug darin gesehen werden, eine ungünstige Entwicklung abbremsen zu können.

4. Bei der Auswahl und dem gezielten Einsatz von Maßnahmen zur Veränderung auffallender Verhaltensmuster wird sich der Erzieher/ Lehrer in erster Linie von seinen *bisherigen Erfahrungen und Kenntnissen* leiten lassen. Um jedoch der Gefahr routinemäßig erstellter Behandlungspläne zu entgehen, sollte er durch Umschau in der *einschlägigen Literatur*, evtl. durch die Anlage eines anwachsenden und ständig überarbeiteten Katalogs von pädagogischen Maßnahmen, Spielen, Verstärkungsschemata usw. sein Repertoire erweitern. Als wertvoll und ökonomisch erweist sich auch hier der *Erfahrungsaustausch* im Erzieher- bzw. Lehrerteam und letztendlich der *Kontakt zu Fachleuten* (Psychologen, Erziehungsberater, Beratungslehrer usw.).

5. Die erzieherische Arbeit im Anschluß an eine systematische Beobachtung bedarf der *Kontrolle*, die der im pädagogischen Feld stehende Erzieher/Lehrer nur bedingt selbst leisten kann. Er ist selbstverständlich am Erfolg seiner Maßnahmen stark interessiert, weshalb er unter Umständen einerseits der Vortäuschung vermeintlicher Erfolge erliegen kann, andererseits evtl. vorschnell entmutigt aufgibt. Hier ist der *vergleichende Rückgriff* vom Augenblicksverhalten des Kindes bzw. Jugendlichen auf das in den Protokollen gespeicherte Verhalten anzuraten, darüber hinaus aber wieder einmal auch die Fremdkontrolle durch Kollegen. Im übrigen weiß jeder Praktiker, daß auffallende Verhaltensmuster in Kleinschritten verändert werden, auch wenn er sich eine sprunghafte Veränderung noch so sehr wünscht.

4.4 Anmerkungen zur Problematik der Mitteilung von Beobachtungsergebnissen an Erziehungsberechtigte

Wir stellten fest, daß es für den Erfolg verhaltensändernder pädagogischer Maßnahmen wünschenswert, in vielen Fällen sogar unabdingbar notwendig ist, die Erziehungsberechtigten für das Vorhaben aufzuschließen und ihre Mithilfe zu gewinnen. Jeder Praktiker weiß aber auch zur Genüge, daß Erziehungsberechtigte in den meisten Fällen zumindest anfangs auf die Mitteilung von störenden Verhaltensauffälligkeiten ihrer Kinder wenig hilfreich reagieren. Manche zeigen sich völlig ratlos, andere reden die festgestellten Verhaltensauffälligkeiten weg, führen unentwegt Entschuldigungen oder Erklärungen für sie an, wieder andere weisen die Informationen des Erziehers/Lehrers zurück und zweifeln mehr oder minder offen seine Fachkompetenz an. Solche und noch viele andere mögliche Reaktionen sind Teil von *Abwehrmechanismen der Erziehungsberechtigten,* die Angriffe auf ihre erzieherische Befähigung mutmaßen und Schuldgefühle abwehren.

Diese nur allzu verständlichen Abwehrmechanismen sollte der Erzieher/ Lehrer von vornherein in der Kooperation mit Erziehungsberechtigten einkalkulieren, um sie unterlaufen oder wenigstens durch angemessene Gegenreaktionen abfangen zu können.

1. Von grundlegender Bedeutung für die Gewinnung der Mitarbeit der Erziehungsberechtigten ist der Stil bzw. die Atmosphäre der Begegnung mit ihnen. Sie sollten glaubhaft zu spüren bekommen, daß ihnen der Erzieher/Lehrer in einer *positiven und konstruktiven Grundhaltung* gegenübertritt, daß er *aus Sorge um ihr Kind* handelt und daß er *ihre Mitarbeit sucht,* ohne die er nicht viel ausrichten kann.

2. Die beschriebene Grundhaltung zielt auf *partnerschaftliche Zusammenarbeit* ab, die sich mit dem Herauskehren fachlicher Überlegenheit, mit theorieüberfrachteten Argumenten und mit dem häufigen Hinweis auf langjährige Erfahrung nicht verträgt. Statt dessen weiß sich der Erzieher/Lehrer – gerade mit wachsendem Erfahrungsvorsprung – mit jedem neuen Problemfall auch wieder neu gefordert. Routine allein wird weder dem betroffenen Kind als je einmaligem Problemfall noch den Sorgen der Erziehungsberechtigten gerecht. Am günstigsten ist es, wenn die *Erziehungsberechtigten die notwendigen Einsichtigen und Erkenntnisse selbst gewinnen.* Der Erzieher/ Lehrer kann dafür unter Umständen Situationen und Material anbieten bzw. Anstöße von seiten der Erziehungsberechtigten aufgreifen. So könnte z. B. die gemeinsame Beobachtung des Kindes in ein vertiefendes Gespräch führen oder die gemeinsame Betrachtung von „Werken" des Kindes. Eine besonders günstige Gesprächsbasis ist gegeben, wenn Erziehungsberechtigte von sich aus über ihre Sorgen mit dem Kind zu sprechen beginnen. Aber auch in den genannten Beispielfällen sollte sich der Erzieher/Lehrer nicht sofort in theoretisch untermauerte Schlußfolgerungen stürzen, sondern dem Gesprächspartner *durch aktives Zuhören und evtl. durch Paraphrasieren* (= sinngemäßes und einfühlendes sowie verstehendes Wiederholen seiner Aussagen) zu eigenen Einsichten verhelfen.
Der Erzieher/Lehrer muß sich bei Erziehungsberechtigten immer wieder vergegenwärtigen, daß er *mit jedem Gesprächspartner auch*

auf verschiedene Herkunft und Ausbildung trifft, was eben verschiedene Begriffs- und Bedeutungsebenen und Unterschiede in der allgemeinen Interessenslage und besonders im erzieherischen Engagement bedeutet. Seine *Einfühlung* (= *Empathie*) reicht hier bis in die Wortwahl hinein. Gesprächspartner z. B., die abstraktes Denken und theoretisches Argumentieren nicht gewohnt sind, erwarten eine bildhafte, durch konkrete Beispiele anschauliche Sprache. Wenn diese sprachliche Einfühlung des Erziehers/Lehrers nicht gelingt, gesellt sich zu den beschriebenen Abwehrmechanismen noch die Erschwerung der Kommunikation durch den Gebrauch verschiedener Sprachen. Mißverständnisse und Nichtverstehen sind zwangsläufige Folgen.

Die erwünschte Einfühlung erstreckt sich aber nicht nur auf den *inhaltlich-sprachlichen Bereich der Kommunikation,* sondern auch auf die *Beziehungen der Gesprächspartner* zueinander. Die Grundhaltung partnerschaftlicher Zusammenarbeit sollte weiter oben die erwünschte Beziehung zwischen Erzieher/Lehrer und Erziehungsberechtigten umschreiben. Die Einsicht von Eltern in unerwünschtes Verhalten ihrer Kinder, evtl. sogar in eigene Erziehungsfehler verlangt Selbstüberwindung in einem Ausmaß, daß sie wohl überhaupt nur gelingen kann, wenn sie auf *emotionale Wärme, Wertschätzung, Verständnis, verstehende Identifikation mit der Problemlage beim Erzieher/Lehrer stößt.*

Erst wenn die besorgten Eltern in der Begegnung mit dem Erzieher/Lehrer tatsächlich *erfahren* haben – was eben mehr ist als bloß verbale Versicherungen –, daß er sie so akzeptiert wie sie sind und ihre Sorgen teilt, ist die Beziehungsebene gestiftet, auf der partnerschaftliche Kooperation sich verwirklichen kann.

3. Besondere Bedeutung im Erleben der Eltern kommt bei diesem Aufbau einer gemeinsamen Verständnis- und Handlungsebene der Art und Weise zu, wie sie der Erzieher/Lehrer über die auffallenden Verhaltensmuster ihrer Kinder informiert. Wie bei der Protokollierung während der systematischen Beobachtung sei dem Erzieher/Lehrer auch hier dringend empfohlen, *beschreibend vorzugehen. Wertende Aussagen* und *Urteile lassen ihn im Erleben der Eltern als Richter erscheinen,* dem gegenüber sich die Eltern je nach Sachlage mehr oder minder abhängig fühlen. Abhängigkeit aber blockiert Offenheit und Echtheit in der Begegnung, womit vielleicht noch verbale Übereinstimmung, aber kaum tatsächliche Zusammenarbeit erreicht werden kann.

Bitte lesen Sie in diesem Zusammenhang zur Auffrischung nochmals die Erläuterungen zur *partnerzentrierten Gesprächsführung*
unter 3.1.2.1 nach!

Als Zusammenfassung bietet sich die *Checkliste zum Beraterverhalten*
von W. H. Honal (1977) zur Diskussion und als Beobachtungskatalog
für das eigene Gesprächsverhalten an:

Positive und negative Kriterien eines Beratungsgesprächs

Verhaltensweisen im Beratungsgespräch, die das Auffinden und Bewältigen des Beratungsproblemes begünstigen:

Verhaltensweisen im Beratungsgespräch, die eine Sperrung des Ratsuchenden oder eine Ablenkung der Gesprächsrichtung bewirken können:

+	−
1. Zurückhaltung zu Beginn des Gesprächs	Der Ratsuchende wird mit einem Wortschwall überfallen und kommt selbst nicht zum Zuge
2. Sachlicher Gesprächsbeginn	emotional geladener Beginn
3. Echtes Interesse an dem Gespräch signalisieren	geringe Bedeutung des Gesprächs ausdrücken; Interesse heucheln
4. Den Ratsuchenden völlig frei sprechen lassen	Unterbrechung des günstigen Gesprächsflusses des Ratsuchenden
5. Negatives positiv widerspiegeln	negative Äußerungen direkt (= nicht positiv) zurückgeben
6. Lange Pausen ertragen können	keine Pausen während des gesamten Gesprächs
7. Eingehen auf besondere „Signale" (z. B. auf beiläufig Erwähntes)	nebensächlich erscheinende Äußerungen übergehen
8. Indirekte Fragestellung	allzu allgemeine Fragen, direkte Fragen, peinliche Fragen; „bohren"; „Warum"-Fragen, Suggestivfragen, Tabufragen
9. Behutsames Herantasten an die Probleme des Ratsuchenden	„Lospoltern", Verletzung der Privatsphäre
10. Sozialraum erfragen; an sozialem Geschehen Interesse zeigen	fast nur den Individualraum berücksichtigen

82

+	−
11. Verallgemeinerungen von Problemen, die den Ratsuchenden belasten (Affektabbau; Senden von „Ich-Botschaften")	Probleme nur an der betreffenden Person selber besprechen
12. Verbales Zurückverlegen von akuten Problemen in die Vergangenheit, um sie dort zu bewältigen	übertriebene Aktualisierung
13. Sich dem Sprachstil des Ratsuchenden anpassen; einfache Formulierung	Fachsprache, Amtsdeutsch; allzu lange oder komplexe Fragen, Doppelfragen
14. Möglichkeiten aufzeigen	Versprechungen abgeben, eine Lösung zwingend anbieten
15. Verhaltensweisen durch Erklären einsichtig machen	Vorwürfe, Ermahnungen, Belehrungen, Beurteilungen, Ablehnungen; „gute Ratschläge" erteilen, moralisieren; Vorurteile begünstigen
16. Balance zwischen Zuwendung und Distanz; „nicht-besitzergreifende Wärme"	sich dem Ratsuchenden anbieten
17. Optimal mögliches Sammeln von Daten; Versuch einer Objektivierung	voreilige Interpretation, psychologisieren
18. Nüchternheit, Sinn für Realitäten	Trost, unrealistische Hilfsbereitschaft, überschwengliches Engagement, langatmige und das Gespräch nicht weiterführende Abschweifung des Beraters
19. Seine eigenen Emotionen, Aggressionen, Probleme usw. zurückstellen	seinen Momentangefühlen freien Lauf lassen; der Berater spricht größtenteils über seine eigenen Probleme
20. Rangier- und Konzentrationsfragen stellen	langatmige und das Gespräch nicht weiterführende Abschweifungen dulden
21. Zu verstehen geben, daß ausreichend Zeit vorhanden ist	aus Zeitmangel auf die Beendigung des Gesprächs drängen
22. Das Gespräch langsam ausklingen lassen	das Gespräch abrupt abbrechen

5 Kontrolle des Beobachterverhaltens

Die steuernden person- und situationsbedingten Einflüsse beim Vorgang unserer Wahrnehmung und bei der systematischen Beobachtung erfordern die Bereitschaft des Erziehers/Lehrers, sich in solchen Prozessen ständig der Kontrolle zu stellen. Wenn auch die absolut objektive Aussage zu menschlichem Verhalten kaum erreichbar ist, sollten zumindest vermeidbare Ursachen der Aussageverfälschung ausgeschlossen werden.

5.1 Kontrolle des Eingangsverhaltens in Beobachtungssituationen

Jeder Erzieher/Lehrer bewegt sich im pädagogischen Feld mit den kommunikativen Erfahrungen und Vorkenntnissen, die er durch seine bisherige Praxis, durch Studium und Fortbildung erworben hat. Diese gesammelten Erfahrungen vermitteln ihm die Sicherheit, die er im Umgang mit Kindern und Jugendlichen braucht. Was aber hier auf der einen Seite notwendige Sicherheit verleiht, kann auf der anderen Seite zum Auslöser von Routineverhalten und unkritischer Theorieübertragung werden, die der aktuellen Situation nur bedingt angemessen sind. Trotz aller entlastenden Ähnlichkeit pädagogischer Situationen begegnet dem Erzieher in ihnen jedesmal wieder eine einmalige Person, die mit Etiketten nicht erfaßt werden kann.

Pädagogische Begegnung ist wie Kommunikation überhaupt in ihrem Gelingen darauf angewiesen, ständig auf ihre Eingangsvoraussetzungen hin kritisch infragegestellt zu werden.

Dies schließt den Mut zur Verunsicherung bezüglich des eigenen Verhaltens mit ein. Verunsicherung, ein innerer Spannungszustand und damit Neugier lösen nachhaltige Lernprozesse aus, die im Bereich des Kommunikationsverhaltens lebenslang andauern (müssen!). *Folgende Fragen könnten beispielsweise bei der Überprüfung des Eingangsverhaltens reflektiert werden:*

– Welches Grundverständnis von Kommunikation, insbesondere in der pädagogischen Begegnung, vertrete ich?
– Welches Verständnis von Erziehung habe ich entwickelt und praktiziere ich?

- Welches Rollenverständnis und welche Berufseinstellung kennzeichnen meine augenblickliche Arbeit?
  Stehe ich meinen beruflichen Aufgaben eher optimistisch oder eher pessimistisch gegenüber?
- Auf welchem Stand befinden sich meine wissenschaftlichen Vorkenntnisse in bezug auf die aktuellen Anforderungen meiner pädagogischen Praxis?
- Wie flexibel (= beweglich) und umfangreich ist mein Repertoire an gezielten pädagogischen Maßnahmen?
- In welchem Ausmaß greife ich Möglichkeiten privater und institutionell organisierter Fortbildung auf? Bin ich eher innovationsfreudig (= Neuerungen gegenüber aufgeschlossen) oder eher bei Bewährtem verharrend eingestellt?
  u. a. m.

5.2 Kontrolle der Auswirkungen des Erzieherverhaltens auf die Beobachtungssituation

Kommunikation ist ein Wechselwirkungsverhältnis, in das als bestimmende Faktoren neben verbalen und nonverbalen (= sprachlichen und nichtsprachlichen) Informationen auch Einstellungen, Voreingenommenheiten, eigener psychischer und physischer Zustand, emotionale Gestimmtheiten, Ausmaß und Art von Fremd- und Selbstwahrnehmung und vieles andere mehr eingehen. Eine Veranschaulichung der beschriebenen Vorgänge haben Joe Luft und Harry Ingham mit dem nach ihnen benannten Johari-Fenster versucht:

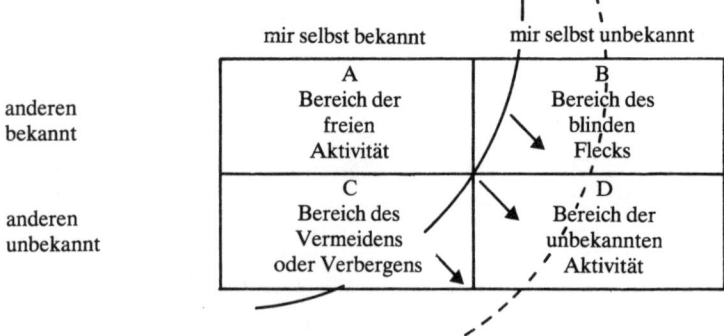

	mir selbst bekannt	mir selbst unbekannt
anderen bekannt	A Bereich der freien Aktivität	B Bereich des blinden Flecks
anderen unbekannt	C Bereich des Vermeidens oder Verbergens	D Bereich der unbekannten Aktivität

Im Verlauf eines Gruppenprozesses ist durch eine zunehmende Atmosphäre des Vertrauens, durch offene Informationen über die eigene Person und durch Feedback die Chance gegeben, A auf Kosten der anderen drei Bereiche auszuweiten, während dagegen zu Beginn des Gruppenprozesses der Bereich A zwangsläufig den geringsten Spielraum hat.

Die Darstellung umfaßt aber nicht nur die tatsächlich gegebenen bewußten und unbewußten Handlungen, Motivationen, Informationen, sondern sozusagen als doppelten Boden noch Mutmaßungen, Angstphantasien und Vorurteile, die bestimmend in das Wechselwirkungsverhältnis von Kommunikationspartnern eingreifen.

Angesichts so vieler unwägbarer Einflußfaktoren ist es wünschenswert, die wechselseitigen Reaktionen der Kontrolle zu unterziehen und auf ihre Wirkungen hin kritisch zu hinterfragen. Dies ist freilich leichter gefordert, als es zu erfüllen ist, wenn wir wieder einmal realistisch bedenken, daß der Erzieher/Lehrer in der Regel aktiv teilnehmend mitten im pädagogischen Feld steht.

Die folgenden in Auswahl angebotenen Kontrollmöglichkeiten sind als Anregungen gemeint, aus denen der Erzieher/Lehrer je nach aktueller Situation die für ihn brauchbaren experimentierend herausfinden muß.

5.2.1 Selbstkontrolle ist allemal mit dem Nachteil behaftet, daß eigene Wirkungen dem Bereich des blinden Flecks anheimfallen (vgl. Johari-Fenster) und die Kontrollergebnisse durch die teilnehmende Aktivität im pädagogischen Geschehen von vorneherein eingeschränkt sind. Trotzdem ist es dem Erzieher/Lehrer durchaus möglich, überschaubare Aktivitäten im Auge zu behalten.

Beispiele für Kontrollfragen

– In welchem Verhältnis steht die Anzahl meiner Verbaläußerungen zu der Anzahl der Kinder-/Schüleräußerungen?
– Neige ich eher dazu, mich in Lernprozessen der Kinder zurückzuhalten, oder bringe ich sie häufig durch vorschnelle Erläuterungen und Dominanz um Lerneffekte?
– Kann ich geduldig zuhören, auch wenn sich Kinder manchmal umständlich ausdrücken?
– Bevorzuge ich bestimmte Schulkinder bei der Aufforderung zur Mitarbeit (auf Sitzplan mitstricheln!)
– Empfinde ich bestimmten Kindern gegenüber spontan Sympathie oder Antipathie? Warum?

– In welchem Ausmaß setze ich Verstärkungen (Lob, Anerkennung, Zuwendung) und Strafen ein?

u. a. m.

5.2.2 Vor allem im schulischen Bereich können wir Auskünfte über unser Erzieherverhalten durch *Lernerfolgskontrollen* bekommen. In erster Linie dienen diese dazu, den Schüler selbst in die Lage zu versetzen, sein Verhalten in bezug auf das angestrebte Lernziel zu überprüfen. Das Ergebnis dieser Überprüfung beinhaltet aber immer gleichzeitig auch eine Aussage über den, der den dazugehörigen Lernprozeß vermittelt hat, also über die Methode der Vermittlung und den Kommunikationsstil des Vermittlers. Schlechte Ergebnisse bei Lernerfolgskontrollen rechtfertigen durchaus nicht die Abstempelung der Lernenden als Faulpelze und Dümmlinge, sondern rufen in erster Linie den Lehrer auf, Stil und Methode seiner Vermittlung zu überprüfen.

5.2.3 Während Selbstkontrolle und Lernerfolgskontrolle noch verhältnismäßig viel Spielraum lassen, sich Alibis für das eigene Verhalten aufzubauen, wird diese Möglichkeit bei *Fremdkontrollen* erheblich eingeschränkt, wenngleich auch hier Annahme und Ablehnung von Kontrolldaten letztlich beim Betroffenen bleiben. Für eine Annahme von Rückmeldungen aus Fremdkontrollen ist der Boden eher bereitet, wenn die Informationen vom Betroffenen gewünscht und angeregt werden statt von vorgesetzter Stelle „verhängt" zu werden wie etwa bei der dienstlichen Beurteilung.

Vorschläge für die erwünschte Fremdkontrolle

Die meisten Erzieher/Lehrer kostet es sicherlich einige Überwindung, sich sozusagen ohne Not kritischer Beobachtung auszusetzen. Zum schrittweisen Abbau der verständlichen Bedenken und Hemmungen erweist sich die Zusammenarbeit im kleinen Team auf der Basis der Wechselseitigkeit als besonders geeignet.
1. Eine eher indirekte Form der Kontrolle des Erzieherverhaltens bietet sich damit an, *einen Kollegen parallel zur eigenen Beobachtung eines verhaltensauffälligen Kindes als Beobachter zu bitten.* Insbesondere jene Verhaltensweisen des Beobachteten, die sich als Gegenreaktion auf Verhaltensweisen des Erziehers/Lehrers ergeben, dürfte der Fremdbeobachter eher unverstellt wahrnehmen als der im Geschehen befangene Erzieher/Lehrer. Aber allein schon der Vergleich des aufgezeichneten Beobachtungsmaterials läßt unter Umständen

Rückschlüsse auf Wahrnehmungsdefizite, „blinde Flecke" und zugrundeliegende Erwartungen und Einstellungen zu, die dem Erzieher/Lehrer Anlaß zur Überprüfung seines Erzieherverhaltens werden können. So ist es z. B. ein häufig vorkommendes Ereignis, daß der Fremdbeobachter die vom Erzieher/Lehrer als auffällig, störend, unerwünscht bezeichneten Verhaltensweisen eines Kindes überhaupt nicht oder sehr abgeschwächt als solche sieht. Angesichts solcher Ergebnisse muß sich der teilnehmende Beobachter – als solcher tritt der Erzieher/Lehrer fast ausschließlich auf – wieder vergegenwärtigen, daß sein Blickwinkel von der sozialen Nähe zum Beobachteten mitbestimmt ist, und das heißt eben auch von emotionalen Faktoren, die sich wahrnehmungsverfälschend auswirken können.

2. Ein nächster Schritt zur Fremdkontrolle könnte evtl. darin bestehen, *den hinzugebetenen Kollegen mit gezielten Leitfragen zur Beobachtung auszustatten.*
Dies bringt noch am ehesten konkrete, beschreibende Aussagen zu überschaubaren und klar definierten Verhaltensmustern und steuert einer wertenden Pauschalbeobachtung entgegen. Es bringt also erfahrungsgemäß meistens nicht viel ein, den Kollegen ins pädagogische Feld zu setzen mit der Aufforderung: „Bitte beobachte doch mal, was dir auffällt!"
Eher verwertbare, weil konkrete Informationen sind z. B. von folgenden Beobachtungsanliegen zu erwarten:
● Ich habe den Eindruck, daß ich zuviel in der Gruppenarbeit/im Unterricht rede. Bitte halte durch Mitstricheln das Redeverhältnis zwischen mir und den Kindern/Schülern fest!
● Achte insbesondere darauf, wann ich Deiner Meinung nach unnötige Äußerungen von mir gebe! Notiere sie!
● Notiere Dir verbale, mimische, gestische Ticks!
● Achte darauf, ob ich den Kindern/Schülern Raum gebe zur Selbsttätigkeit! Wenn nicht, halte die Situationen stichwortartig fest!
● Notiere Dir Anzahl und Art meiner verbalen und nonverbalen Verstärkungen!
usw.

3. Selbstverständlich können hier auch *Kategorienschemata* zur Beobachtung eingesetzt werden (vgl. Punkt 6.1 im Anhang). Zur Einübung sei angeraten, mit wenigen zusammengehörenden Kategorien zu beginnen und mit fortschreitender Routine nach und nach das ganze Kategorienschema einzubeziehen.

5.2.4 Eine Möglichkeit der Kontrolle und gleichzeitig der Bearbeitung des Kommunikationsverhaltens (und damit des Erzieherverhaltens) bietet sich mit dem *Vorgang der Metakommunikation* an.

Metakommunikation bezeichnet die Kommunikation über die Kommunikation, also den Vorgang gemeinsamen Reflektierens zweier oder mehrerer Individuen über Verlauf, Eigenart, Schwierigkeiten der Kommunikation zwischen ihnen. Die Kommunikation selbst wird zum Lerngegenstand. Metakommunikation setzt einen gewissen Grad an Sensitivität (= Gespür, Feinfühligkeit) voraus, der u. a. durch gruppendynamische Trainingsmethoden gesteigert werden kann. Als spezielle Methoden der Metakommunikation haben sich bewährt:

1. Stimmungsbarometer oder Atmosphäretests, worunter informelle Tests zur Feststellung der augenblicklichen emotionalen Befindlichkeit kommunizierender Individuen zu verstehen sind.
2. Gelegenheit zum Feedback (= Rückmeldung von Wirkungen) in eigenen „Ventilstunden", besser aber als integrierter Bestandteil der Kommunikation selbst. Die schrittweise Einübung der Beteiligten in die Feedbackregeln (vgl. Anhang, Punkt 6.5!) ist für eine erfolgreiche Anwendung dieser „Technik" unverzichtbar.
3. Rollenspiele, die Beziehungen und Kommunikationsstrukturen in einer Gruppe bewußt und transparent machen können.
4. Prozeß- und Situationsanalysen, die neben einer allgemeinen Reflexion über Kommunikationsprozesse auch gezielt bestimmte Fragen bearbeiten können;
   z. B.
   – Erleben wir uns (die Schüler, die Kollegen) als Rivalen?
   – Sind wir darauf aus, beim Lehrer Punkte zu sammeln!
   – Fühle ich mich unsicher, unterdrückt, gehemmt? Warum?
   – Muß ich mich verstellen, wenn ich das Klaßzimmer/das Lehrerzimmer betrete?
   – Welche Kommunikationsmuster herrschen in unserer Gruppe vor?

Für die Bearbeitung alltäglicher Kommunikation in organisierten Lernsituationen, also insbesondere im schulischen Unterricht, bürgerte sich in der Fachliteratur der Begriff *Metaunterricht* ein.
Er bezeichnet das reflektierende Gespräch der Lehrenden und Lernenden zusammen über Zielsetzungen, Inhalte, Methoden und Normen des erlebten Unterrichts und des Schulbetriebes überhaupt. Bei der Verwirklichung des Metaunterrichts muß das berechtigte Interesse der Lernenden berücksichtigt werden, daß hier Reflexion nicht um ihrer selbst

willen, sondern mit der Möglichkeit der Veränderung von Schulwirklichkeit betrieben wird.

Vor allem die kritische Reflexion von Unterrichtsmethoden und der den Unterricht wesentlich mitbestimmenden Normen im Sinne von Verordnungen, Verhaltenserwartungen, Umgangsregeln deckt für die Beteiligten Einflußfaktoren ihrer Kommunikation auf, die sich je nachdem förderlich oder hemmend auswirken können. Da das Verfahren der Metakommunikation die Bereitschaft fordert, sich selbst in Frage zu stellen und in Frage stellen zu lassen, muß bei allen Beteiligten ein Vertrauensvorschuß und Fairneß als Basis möglicher Verunsicherung vorausgesetzt werden. Aber auch hier gilt wieder: Es ist wünschenswert, daß Verhaltensänderung sich über Einsicht und freien Entschluß vollzieht. Dies bedeutet für den, der einem Kommunikationspartner unangenehme Rückmeldungen über bestimmte Verhaltensweisen gibt, den damit verbundenen und evtl. angemessenen Wunsch zur Verhaltensänderung nicht in eine Forderung umzuformulieren. Metakommunikation liefert also den Beteiligten Material über ihr Kommunkationsverhalten, und zwar wie es in seinen Wirkungen bei den Gesprächspartnern ankommt. Wie der einzelne nun weiterhin mit diesem Material umgeht, ist ihm zu überlassen. Druck oder gar Zwang lösen Abwehrmechanismen zum Selbstschutz aus und verfehlen somit total den Zweck des ganzen Unternehmens.

5.2.5 Die Chance für ungefiltertes Material zur Selbst- und Fremdbeobachtung steigt mit dem *Einsatz technischer Hilfsmittel.* Die *Video-Einheit* (Fersehkamera + Videorecorder + Monitor) hat den Vorteil für sich, den Handlungsablauf unter Einbezug der für die Kommunikation äußerst bedeutsamen nonverbalen Äußerungen zu erfassen.

Wenn dem Erzieher/Lehrer diese Möglichkeit geboten ist, sollte er seine anfangs evtl. vorhandene Scheu vor der Videoaufzeichnung überwinden, da er auf diese Weise noch am wenigsten verfälschte Dokumente zu seinem Erzieherverhalten in die Hand bekommt, die mit der Chance beliebig oftmaliger Wiederholung auch bestens geeignet sind, Selbsttäuschungen über das eigene Verhalten abzubauen.

Ausgezeichnetes, wenngleich auf akustische Signale eingeschränktes Material (verbalen) Kommunikationsverhalten liefert auch die *Aufzeichnung mit dem Tonbandgerät oder Kassettenrecorder.*

Der Vorteil gegenüber der Video-Einheit ist die jederzeitige Verfügbarkeit in jeder pädagogischen Situation. Dazu kommt geringerer Bedienungsaufwand, geringere Störanfälligkeit und Unauffälligkeit im Einsatz.

Für beide Systeme schlage ich zur schrittweisen Eingewöhnung und zur Vermeidung von Abwehrmechanismen folgende *Etappen der Auswertung* vor:

- Auswertung des Materials allein
- Auswertung des Materials mit einem vertrauten Menschen (Partner). Wegen des „gesunden Hausverstandes" wäre es durchaus wünschenswert, wenn der Mitauswerter nicht der pädagogischen Szene angehört.
- Auswertung des Materials mit einem oder mehreren Kollegen, die an der Weiterentwicklung ihres Erzieherverhaltens interessiert sind und damit mit einer konstruktiven Grundhaltung in das Vorhaben einsteigen. Jeder in der Gruppe muß sicher sein können, daß Informationen über ihn nicht mißbraucht werden. Die leider selten praktizierte Hochform dieser kollegialen Zusammenarbeit in der Bearbeitung des Erzieherverhaltens wäre der Einbezug von Vorgesetzten (Bezirksleiterin, Seminarleiter, Direktor usw.), die hier einmal nicht in der Position des Beurteilenden, sondern selbst in Frage gestellt erlebt werden.
- Auswertung des Materials mit der Lerngruppe, in der es gewonnen wurde. Erinnern Sie sich hierzu bitte der Ausführungen unter 5.2.4 über Metakommunikation!

5.2.6 Supervision

Die speziell für das pädagogische und sozialpädagogische Berufsfeld entwickelte *Supervision* geht über das Beobachtertraining weit hinaus. *Sie faßt als Oberbegriff die Vorgänge der Praxisanleitung, Praxisbegleitung und Praxisberatung zusammen.*

Als Praxisanleitung verfolgt die Supervision den Zweck, Studenten vor allem der pädagogischen und sozialpädagogischen Berufsfelder (Sozialarbeiter, Erzieher, Heimerzieher, Heilpädagogen, Lehrer usw.) während ihrer Ausbildung in die Erfordernisse und Aufgaben ihrer Berufspraxis durch Berufspraktika einzuführen. Supervision als *Praxisbegleitung* vermittelt Laien, die im pädagogischen oder speziell sozialpädagogischen Feld arbeiten, Unterstützung und Rat durch Fachleute.

Als *Praxisberatung* bezeichnet Supervision die Beratung des ausgebildeten Fachpersonals, z.B. die Beratung des Lehrers in seinem Unterrichtsvollzug durch den Schulrat. Der Supervision in diesem Sinne liegt an einer Schwerpunktverlagerung im Beratungsvorgang vom Besserwissen zum Ergänzen und zur Beschreibung von Alternativen, von der feststellenden Kritik zur Beschreibung des tatsächlich wahrnehmbaren beruflichen Engagements und seiner Auswirkungen, zum Aufzeigen positiver Tendenzen und von gangbaren Wegen für die Weiterentwicklung beruflicher Strategien. Eine Beratung verspricht am ehesten Erfolg, wenn die Erkenntnis veränderungsbedürftiger Maßnahmen und Verhaltensweisen und Veränderungsvorschläge nicht ex cathedra des Beraters erfolgen, sondern wenn sie aus dem gemeinsamen Bemühen aller am Beratungsgespräch Beteiligten erwachsen.

Der veränderten Beratungspraxis müssen die Methoden entsprechen. Verfahren wie Situations- und Prozeßanalysen, Feedback, partnerzentrierte Gesprächsführung können hilfreich sein, Wertungen und Urteile zu vermeiden und damit die Einsicht und Veränderungsbereitschaft blockierenden Abwehrmechanismen nicht wirksam werden zu lassen.

Als Beispiel einer besonders ergiebigen Form der Praxisberatung, die auch zur Überprüfung und zum Training des Beobachterverhaltens herangezogen werden kann, ist der *Übungsverlauf des doppelten Diskussionskreises* zu empfehlen. Zur Kooperation entschlossene Lehrerkollegien und Ausbildungsseminare können davon mehr profitieren als von noch so engagiert durchgeführten, aber meistens inhaltlich überfrachteten Stunden- oder Fallbesprechungen durch einen Fachmann.

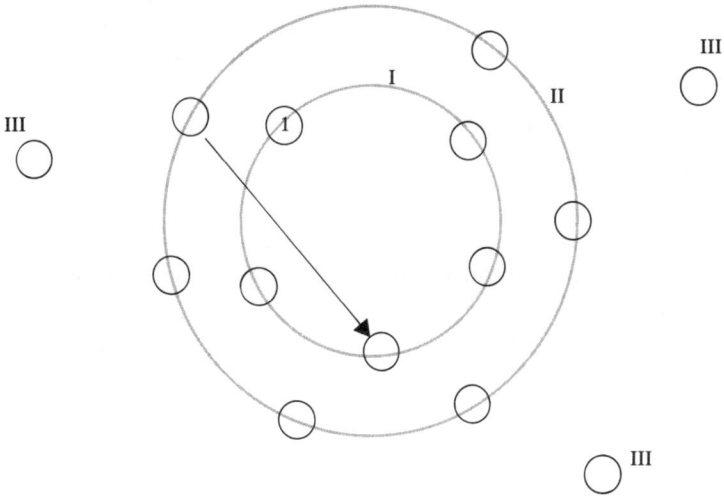

Erläuterungen

① trägt seinen durch Beobachtungen gestützten (im Idealfall durch Videoaufzeichnung belegten) *Problemfall* vor.

Der *Diskussionskreis I* bespricht den Fall.

Der *Beobachtungskreis II* verfolgt den Gesprächsverlauf von I. Besondere Aufmerksamkeit widmet jeder Beobachter von II seinem Gegenüber von I (alter ego) und wechselt evtl. sogar den Platz mit ihm, wenn er glaubt, einen wichtigen Beitrag in den Diskussionskreis einbringen zu können.

Die *Prozeßbeobachter III* versuchen insbesonders die Beziehungsebene des Gesprächsverlaufs zu erfassen, z. B. Initiativen, Koalitionen, Blokkaden, heimliche oder offene Attacken.

Die Aufarbeitung der Diskussion erfolgt in zwei Etappen:

● I und II tauschen mit ihrem speziellen Partner und im erweiterten Diskussionskreis (I + II) ihre Beobachtungen, Empfindungen und Einsichten aus.

● III geben ihr Feedback zum Gesprächsverlauf.

5.3 Trainingsformen zur Überprüfung des Erzieherverhaltens

5.3.1 Training der Beobachtungsfähigkeit

Speziell das Beobachterverhalten kann unter Einbezug einer Kontrollinstanz trainiert werden, indem mehrere Beobachter dasselbe wirkliche oder auf Film, Videoband, Tonband konservierte Geschehen protokollieren. Die Ergebnisse werden auf Übereinstimmung bzw. Nichtübereinstimmung überprüft und die evtl. unterschiedlichen Auffassungen besprochen. In der Literatur werden 70% Übereinstimmung als ausreichend bezeichnet. Besonders intensives Training erfordert die Anwendung von Kategorienschemata (siehe Anhang, Punkt 6.1!), deren einzelne Verhaltenskategorien auswendig beherrscht sein müssen und in der Wirklichkeit schnell entschieden eingeschätzt werden müssen. Gerade zur Einübung sicheren und schnellen Einschätzens von Verhaltensweisen ist auch hier im Training der Vergleich mit Mitbeobachtern dringend geboten. Andernfalls besteht die Gefahr, daß sich unangemessene Einschätzungen verfestigen.

5.3.2 Verhaltenstraining

Der Erzieher/Lehrer steht in den meisten Fällen als teilnehmender Beobachter handelnd mitten im pädagogischen Geschehen. Insofern ist nicht nur das verhaltensauffällige Kind Gegenstand seiner Beobachtung, sondern indirekt immer auch er selbst. Nicht selten stellen sich Verhaltensauffälligkeiten als Folgewirkungen des Erzieherverhaltens heraus. Deshalb ist meines Erachtens gerade der Erzieher/Lehrer mit seiner enormen Breitenwirkung auf Menschen gefordert, sein Verhalten in pädagogischen Situationen ständig kritisch zu überprüfen und wünschenswertes Verhalten gegebenenfalls zu trainieren.

Die in Auswahl nachfolgend dargestellten Trainingsformen der Rollenspielgruppe, der Balintgruppe und des Kommunikationstrainings richten sich alle – mit unterschiedlicher Schwerpunktsetzung – nach dem Lernprozeßmodell des Regelkreislernens, das letztlich allen Formen des Verhaltenstrainings zugrundeliegt. Im Bereich relativ gefestigter Verhaltensweisen, Einstellungen und Gewohnheiten kann nur ein Lernprozeß zu Veränderungen führen, der über Erfahrungen läuft. Nur kognitive Verarbeitung z. B. von Theorien bringt hier wenig oder nichts.

Den Trainingsformen liegt also folgendes allgemeine *Lernprozeßmodell* zugrunde:

In Anlehnung an den Vorgang der kontinuierlichen Verhaltensänderung in Gruppenprozessen, wie er von Miles (1965) beschrieben wurde, sind beim Verhaltenstraining folgende Stadien zu durchlaufen.

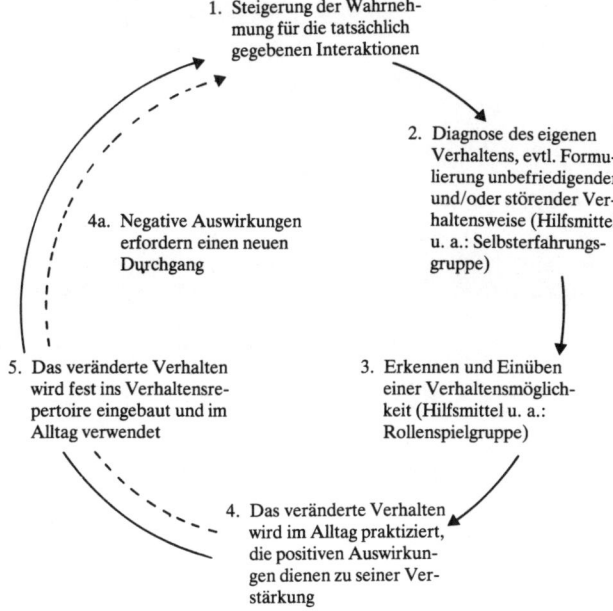

1. Steigerung der Wahrnehmung für die tatsächlich gegebenen Interaktionen

2. Diagnose des eigenen Verhaltens, evtl. Formulierung unbefriedigender und/oder störender Verhaltensweise (Hilfsmittel u. a.: Selbsterfahrungsgruppe)

4a. Negative Auswirkungen erfordern einen neuen Durchgang

5. Das veränderte Verhalten wird fest ins Verhaltensrepertoire eingebaut und im Alltag verwendet

3. Erkennen und Einüben einer Verhaltensmöglichkeit (Hilfsmittel u. a.: Rollenspielgruppe)

4. Das veränderte Verhalten wird im Alltag praktiziert, die positiven Auswirkungen dienen zu seiner Verstärkung

Für den Adressatenkreis der Erzieher und Lehrer und damit verwandter Berufsgruppen haben sich – nach meiner eigenen Erfahrung als Teilnehmer und Trainer – die folgenden Trainingsformen als besonders leicht (evtl. auch ohne Trainer) durchführbar und ergiebig erwiesen:

1. Die Rollenspielgruppe

Das soziale Rollenspiel bezeichnet das spielende Sichhineinversetzen, das Sichhineinfühlen und Hineindenken in die Situation eines anderen und das dementsprechende Handeln im zugehörigen sozialen Umfeld. Das Rollenspiel stellt eine Methode des sozialen Lernens dar, versucht Lebenssituationen, tägliche Wirklichkeit vorempfinden, vorerleben oder nachvollziehen zu lassen.

Die zentralen Funktionen des Rollenspiels sind also,
– Lebenssituationen, und zwar selbst erlebte, literarisch verarbeitete, dokumentarisch vermittelte u. a. hier und jetzt wieder mit Leben zu füllen, dem tatsächlichen Erleben zugänglich zu machen,
– damit gleichzeitig bei allen Mitspielern eine gemeinsame Erfahrungsgrundlage zu schaffen, die nicht nur den Intellekt, sondern auch die Emotionen anspricht,
– unterschiedliche Verhaltensweisen zu ein und derselben Situation bewußt zu machen und auf ihre jeweiligen Motive hin zu hinterfragen,
– und durch das ganzheitliche Erleben und Reflektieren von Erfahrungen in konkreten simulierten Situationen möglicherweise eine Verhaltensänderung anzubahnen.

Seinen didaktischen Ort kann das Rollenspiel nahezu in jeder Phase des Lernprozesses finden,
– in der Eröffnungsphase vor allem als Motivationshilfe und zur Bereitstellung eines gemeinsamen Erfahrungshintergrundes,
– in der Erarbeitungsphase z. B. als Mittel zur Beschaffung von Informationen oder zur Überwindung unproduktiver oder festgefahrener Positionen,
– in der Phase der Vertiefung als eine der erfolgversprechendsten Methoden zur Einübung in Verhaltensweisen.

Wie jeder Methode muß auch dem Rollenspiel die Chance der Einübung in seine Technik eingeräumt werden. Für diese Einübungsphase in die Technik des Rollenspiels muß der Gruppenleiter um so mehr Geduld aufbringen, je älter die Gruppenmitglieder sind, denen u. U. ihre bisherige Sozialisation über Jahre hinweg die Fähigkeit zur spontanen spielenden Auseinandersetzung mit Ernstsituationen der Umwelt ausgetrieben hat. Am Anfang sollte jedenfalls eine Überforderung der Teilnehmer durch zu komplexe Situationen oder zu schwierige Rollen vermieden werden, da die Hemmung, sich spontan in einer Rolle darzustellen, eher zu Verkrampfungen und zu Fluchttendenzen gegenüber der Methode führt. Es empfiehlt sich deshalb, mit einfachen Aufgaben zu beginnen, z. B. mit der pantomimischen oder auch verbalen Darstellung typischer Rollen, die von den Beobachtern zu erraten sind. Für die ersten Mehr-Personen-Rollenspiele wird der Gruppenleiter den Akteuren Personen, Ort und wichtige Umstände der Handlung beschreiben. In diesem Zusammenhang ist es wichtig, keinen Teilnehmer in eine bestimmte Rolle zu zwingen. Es können immerhin gelegentlich hinter einer Weigerung unangenehme Erfahrungen verborgen sein, die ein Teilnehmer mit einer bestimmten Rolle verknüpft und die ihm die Distanz verwehren, die er im Spiel der Rolle gegenüber aufrechterhalten muß. Wenn die Teilnehmer an die Methode gewöhnt sind, kann ihnen auch die Vorbereitung des Rollenspiels, also Situations- und Personenbeschreibung, Auswahl der Akteure usw. übertragen werden. Da sich der Zweck des Rollenspiels nicht in der Gestaltung erschöpft, sondern durch die spielende Auseinandersetzung mit Lebenssituationen erfüllt, deren Hintergründe und Motive transparent gemacht sein sollen, sind die Zuschauer mit gezielten Beobachtungsaufträgen zum Thema, nicht zur Art des Spieles, auszustatten.

Der Gruppenleiter sollte grundsätzlich nur in das Rollenspiel eingreifen, wenn es sich offensichtlich vom gestellten Thema entfernt bzw. wenn einzelne Akteure ihre Rolle verfehlen. (Zu einzelnen Spieltechniken vgl. z. B. Scheller 1987[2])

2. Die Balintgruppe

M. Balint, ein Londoner Arzt, schuf die nach ihm benannten Gruppen als Fallbesprechungsseminare für Ärzte. Diese sollten hier Gelegenheit bekommen, die sich aus dem Umfeld von Arzt und Patient, ihrem Bezug zur Krankheit und aus ihrer wechselseitigen Beziehung ergebenden Probleme (z. B. Gefühle, Voreingenommenheit) vorzutragen, zu besprechen und wenn möglich einer Lösung zuzuführen. Mittlerweile wird diese gruppendynamisch orientierte Technik der Fallbesprechung adressatenspezifisch auch in anderen Berufsfeldern praktiziert, z. B. in Betrieben, im sozialpädagogischen und pädagogischen Bereich. Im Unterschied zu anderen gruppendynamischen Trainingsformen oder gar zur Gruppentherapie ist der Hauptzweck der Balintgruppen die Fallbearbeitung, wenn auch gruppenspezifische Probleme im Hier und Jetzt der

Gruppensitzung und damit Phasen der Selbsterfahrung nicht ausgeschlossen werden können und sollen.

Zentralthema ist immer der in einem ganz konkreten Fall vorgetragene eigene problematische Umgang eines Gruppenmitgliedes (z. B. Lehrer, Arzt, Priester, Ehepartner) mit einer Person oder einer Gruppe. So wurde z. B. in einer meiner Trainingsgruppen das mit Regelmäßigkeit jedes Jahr wiederkehrende Problem einer jungen Lehrerin bearbeitet, das darin bestand, nach einer relativ glücklich verlaufenen Phase des Kennenlernens und intensiver Bindung von der Klasse zurückgewiesen zu werden. Die Haltung der Lehrerin signalisierte tiefe Enttäuschung und Kränkung. Im Laufe der Sitzung stellte sich heraus, daß die Lehrerin aus einer generellen Bindungsangst Männern gegenüber ihre ganze Zuneigung und ihr Liebesbedürfnis auf ihre jeweilige Klasse warf, was nicht nur eine pädagogische Fehlhaltung vermuten läßt, sondern von seinem Anspruch her die Klasse (als Kompensationsobjekt) schlicht überfordert.

Die Balintgruppe besteht aus acht bis zwölf Mitgliedern, die sich regelmäßig im Abstand von zwei bis vier Wochen über längere Zeit hin (meistens ein Jahr lang) jeweils zu einer zwei bis drei Stunden dauernden Sitzung treffen. Der Gruppenleiter hält sich zurück, achtet aber auf Fallbezogenheit des Sitzungsverlaufes. Im Vordergrund stehen die Erfahrungen und Meinungen der anderen Gruppenmitglieder zum vorgetragenen Fall.

3. Das Kommunikationstraining

Kommunikationstraining ist eine zusammenfassende Bezeichnung für gruppendynamische Trainingsmethoden, deren Zielsetzung schwerpunktmäßig in Bearbeitung und Verbesserung zwischenmenschlicher Beziehungen besteht. Kommunikationstrainings werden von autorisierten Institutionen in der Regel für bestimmte Adressatengruppen angeboten (z. B. Lehrer, Schulräte, Ärzte, Theologen, Paare), um deren spezielle Kommunikationsprobleme (z. B. Autorität, Beratung, Konfliktregelung, Sexualität) vor dem gemeinsamen Erfahrungshintergrund der Gruppenmitglieder einer intensiven Bearbeitung zuführen zu können. Die Langzeitwirkung derartig adressatenspezifisch angelegter Kommunikationstrainings scheint außerordentlich groß zu sein, wie Erhebungen des Autors in Trainings mit Erziehern und Lehrern erkennen lassen.

Gruppendynamische Trainings räumen den Teilnehmern insbesonders die Möglichkeit ein,

● sich aus freier Entscheidung und in sanktionsfreiem Raum realistisch wahrnehmen zu lernen,

● Hemmungen des konventionellen Verhaltens zur Aufdeckung festgefahrener Gewohnheiten zu überwinden,

● erwünschte neue Verhaltensweisen zu erproben und einzuüben,

● annehmbare Techniken zur Rückmeldung (= Feedbacktechniken) über Verhaltensweisen anderer zu erlernen, die durch Vermeidung von Vorwurf, Drohung, Bewertung und Urteil den Boden für verbesserte Kommunikation bereiten sollen.

Zusammengefaßt sind gruppendynamische Trainings als Übungsfeld zu verstehen, in dem eine Änderung von Einstellungen und Verhaltensweisen erprobt werden kann, deren Ergebnis auf die Realität außerhalb der Trainingsgruppe übertragbar ist.

Hinweise für Trainingsteilnehmer

● Gruppendynamische Trainings wenden sich an psychisch belastbare Menschen. Sie dürfen nicht mit Psychotherapie verwechselt werden.

● Die Teilnahme an einem gruppendynamischen Training sollte erst nach gründlicher Prüfung der anbietenden Institution, des verantwortlichen Trainers, der Ziel- und Trainingsbeschreibung beschlossen werden. Bedauerlicherweise ist das Trainingsangebot von unzähligen Scharlatanen und Gurus unterwandert.

● Wichtigstes Qualitätskriterium eines Trainings ist es, daß die persönliche Entscheidungsfreiheit des einzelnen Teilnehmers unbedingt gewahrt bleibt, gegebenenfalls vom Trainer geschützt wird. Mehr oder weniger erzwungener Seelenstriptease befriedigt eher die Sensationslust der anderen Teilnehmer, als er der Selbstwahrnehmung dient.

● Gruppendynamische Trainings sind Mittel zum Zweck, d. h. sie dürfen nicht zum Realitätsersatz entarten. Was *ein* Training wenigstens ansatzweise nicht bringt, wird auch durch zehn Versuche nicht erreicht.

5.4 Häufige Fehlerquellen für das Beobachterverhalten

Die ständige Überprüfung und wünschenswerte Weiterentwicklung des Beobachterverhaltens schließt auf seiten des Beobachters die grundsätzliche Bereitschaft mit ein, diesbezügliche Fehlentwicklungen oder einzelne die Beobachtung beeinträchtigende Fehlverhaltensweisen für jederzeit möglich zu halten. Eine solche Grundeinstellung bewahrt den Beobachter nicht nur vor übereilten und endgültigen Urteilen, sondern sie fordert ihn darüber hinaus zu einer gelegentlichen Überprüfung seines Beobachterverhaltens im Hinblick auf evtl. neu entstandene Fehlerquellen auf.

Nachfolgend werden mit Vorzug und ohne Anspruch auf Vollständigkeit solche Verhaltensweisen des Erziehers/Lehrers vorgestellt, die sich u. a. gerade in Beobachtungssituationen als Fehlerquellen mit oft unübersehbar weitreichenden Konsequenzen erweisen können.

5.4.1 Einschränkende bzw. einseitige Wahrnehmung im Beobachtungsvorgang

Unser alltäglicher Umgang mit Wahrnehmungen läßt uns immer wieder von neuem zwei beachtenswerte Erfahrungen machen:

- Es ist selbst bei größtmöglicher Aufmerksamkeit nicht zu bewerkstelligen, alle Wahrnehmungsreize, die uns begegnen, aufzunehmen und angemessen zu verarbeiten. Wahrnehmung und in ihrem Gefolge Beobachtung sind aus diesem Grunde von vorneherein schon immer verkürzt.
- Der nicht zu bewältigenden Menge von Wahrnehmungsreizen versuchen wir u. a. damit beizukommen, daß wir der Wirklichkeit einen Wahrnehmungsfilter entgegenhalten, der auswählend nur das durchläßt und uns bewußt werden läßt, was wir wahrnehmen wollen. Gleichzeitig erhält das auf diese Weise Wahrgenommene noch die besondere Färbung unserer Erwartungen und Einstellungen, mit denen wir an die Wahrnehmung herangegangen sind.

Bitte erinnern Sie sich in diesem Zusammenhang auch der Übungen und theoretischen Anmerkungen in Abschnitt 2.2!

Verkürzungen und einseitige Einstellungen sind die zwangsläufige Folge für unsere Wahrnehmung und Beobachtung. Der Effekt ist in etwa dem Kamerablickwinkel vergleichbar, der ein Geschehen von einer ganz

bestimmten Seite her mit- oder nacherleben läßt bzw. nur einen Teilaus-
schnitt des Gesamtgeschehens einfängt.

In einer Schulklasse nimmt beispielsweise der Lehrer verärgert die „pro-
vokativ grinsenden Gesichter einiger Schüler" wahr, deren Verhalten er
auf seine letzten Äußerungen bezieht. Er nimmt aber nicht wahr, daß die
Schüler belustigt auf ein Ereignis außerhalb des Blickwinkels des Lehrers
reagieren, und ihrem Lachen nicht die Spur von Provokation anhaftet;
diese ist bereits Interpretation des Lehrers aufgrund selektiver Wahrnehmung. Eingeschränkte und einseitige Wahrnehmung bei der Beobachtung bedeutet also ein bruchstückhaftes und damit unangemessenes
Registrieren von Wirklichkeit unter den (äußerst subjektiven) Kriterien
der eingebrachten Erfahrungen, Erwartungen, Einstellungen, augen-
blicklichem Konzentrationsvermögen, psychischer Disposition usw.
Die zwangsläufig jeder Beobachtung eigene eingeschränkte Wahrnehmung fordert m. E. zu folgenden *Konsequenzen* auf, die ein Dauerun-
ternehmen der Verhaltensüberprüfung des Erziehers/Lehrers darstellen:

1. Der Erzieher/Lehrer muß sich Klarheit darüber verschaffen, welchem *Wahrnehmungstyp* er zuneigt, d. h., über welche Wahrneh-
   mungskanäle er geübt und relativ umfassend Wahrnehmungsreize
   aufzunehmen vermag. Damit verbunden ist die Feststellung, auf
   welchen Gebieten der Wahrnehmung er evtl. zu einseitiger bzw.
   eingeschränkter Sichtweise neigt, weil z. B. seine Wahrnehmung
   durch bestimmte Erfahrungen festgefahren (= fixiert) ist.

2. Der ständig gegebenen Gefahr einseitiger oder insgesamt oberflächli-
   cher Wahrnehmung kann durch *systematische Sinnesschulung* begegnet werden. Dabei sind scheinbar eindeutige Wahrnehmungen
   ebenso sorgfältig zu überprüfen wie die „blinden Flecke". Es ist bei
   einer solchen Überprüfung hilfreich, wenn sich der Erzieher/Lehrer
   selbst oder einem Fremdbeobachter möglichst gezielte Leitfragen
   vorlegt, z. B.:

   - Wie groß ist mein Wahrnehmungsfeld?
     Kann ich das Gesamtgeschehen in einer Kindergruppe/Klasse im
     Auge behalten, oder neige ich zu ausschnittweiser Wahrnehmung?
   - Auf welche Wahrnehmungsreize reagiere ich bevorzugt? Welche
     Wahrnehmungsreize kommen nicht oder selten bei mir an?
   - Ist meine Wahrnehmung möglicherweise durch Voreingenommen-
     heit (positiv oder negativ) auf bestimmte Kinder oder Situationen
     fixiert? usw.

3. Ziel aller Überprüfung und allen Trainings ist die möglichst *ganzheitliche Wahrnehmung,* d. h., möglichst viele zusammenhängende Wahrnehmungsreize über alle Sinne mit hoher Aufmerksamkeit aufnehmen zu können. Zweifellos ist dies ein Unternehmen lebenslanger Übung, denn offenkundige Wahrnehmungsdefizite können hier ebenso zu unangemessenen Auswirkungen führen wie eine routinierte Wahrnehmungshaltung.

5.4.2 Voreingenommenheiten und die Problematik des Normativen beim Beobachtungsvorgang

Voreingenommenheiten und normativ gefärbte Aussagen schlagen sich in Beobachtungsberichten meistens als Erklärungen, Interpretationen, Wertungen und Urteile nieder.

Beispiele

für beschreibende Aussagen	für wertende bzw. erklärende Aussagen
Schüler X lächelt.	Schüler X verzieht sein Gesicht zu einem höhnischen Grinsen.
Jochen wirft ein Bauklötzchen auf die fertiggestellte Burg von Martin	Jochen wirft in Zerstörungswut ein Bauklötzchen auf die fertiggestellte Burg von Martin. Wahrscheinlich neidet er ihm sein Werk.
Maria schaut auf die Bank und schweigt (3 Minuten lang), setzt sich, schweigt weiter...	Maria schaut auf die Bank und schweigt bockig. Vermutlich schämt sie sich ihres Nichtswissens. Sie setzt sich und schweigt verstockt weiter.

Jeder Erzieher/Lehrer tritt in erzieherische Situationen mit unreflektierten Voreingenommenheiten, mit Normen im Sinne von Erwartungshaltungen, mit dem Repertoire seiner bisherigen erzieherischen Erfahrungen ein. Die meist komplexe erzieherische Situation und der Entscheidungsdruck zwingen ihn oft zu schablonenhaften Urteilen, die sofort in Handlung umgesetzt werden können. Die Treffergenauigkeit solcher Urteile und der daraus abgeleiteten Handlungen ist dem Zufall überlassen. Dies mag bei alltäglichen unproblematischen Verhaltenszusammenhängen noch hingenommen werden, bei erzieherischen Ausnahmesituationen aber wie z. B. bei Verhaltensauffälligkeiten oder bei Lernschwierigkeiten fordert die erzieherische Verantwortung eine Kontrolle möglicher, die Beobachtung verfälschender Voreingenommenheiten und normativer Einstellungen.

In eine solche Kontrolle müssen z. B. folgende urteilssteuernde Gegebenheiten einbezogen werden:

1. Eigene Verhaltenserwartungen mit Normcharakter
In diesem Zusammenhang ist eine gelegentliche grundsätzliche Überprüfung des eigenen Verständnisses von Norm überhaupt und von bestimmten Normen sehr nützlich. So kann sich in einem Gespräch mit Kollegen z. B. schnell herausstellen, daß der von mir als Widerspruchsgeist eingestufte Schüler Y von anderen als engagierter Mitarbeiter bezeichnet wird.

2. Voreingenommenheiten, die auf theoretischen erzieherischen Konzepten beruhen
Solche theoretischen Voreingenommenheiten verfestigen sich um so mehr, je geringer die Bereitschaft ist, Alternativkonzepte zu überdenken und das eigene theoretische Konzept weiterzuentwickeln. So ist es z. B. völlig unzureichend und einseitig, die kindliche Entwicklung allein nach S. Freud zu erklären und jegliches Verhalten auf einige wenige Grundtriebe zu reduzieren. Ständige Erweiterung und gegebenenfalls auch Veränderung des eigenen theoretischen Konzepts baut dem theoretischen Stillstand und damit theoretischer Voreingenommenheit vor.

3. Tendenz zur Etikettierung
Der Begriff Etikettierungs- und Stigmatisierungseffekt entstammt dem Sprachgebrauch der Sozialpädagogik. Er bezeichnet dort die relative Festgelegtheit z. B. von straffällig Gewordenen in der Beurteilung der übrigen Angehörigen einer Gesellschaft, die ihnen kaum eine echte Chance vorurteilsfreier Wiedereingliederung in die Gesellschaft läßt. Der Stigmatisierungseffekt trägt damit wesentlich zum Teufelskreis wiederholter Rückfälligkeit straffällig Gewordener bei. In Übertragung wirkt sich der Etikettierungs- oder Stigmatisierungseffekt z. B. auch bei Kindern unterprivilegierter Schichten aus, die durch die Orientierung der Schulanforderungen an der sogenannten Mittelschicht unverhältnismäßig große Schwierigkeiten haben, die Nachteile ihrer sozialen Herkunft zu überwinden.
In alltäglichen erzieherischen Situationen findet aber auch Etikettierung statt, wenn mehrmalige gleiche Vorkommnisse zu einer Verall-

gemeinerung führen oder wenn von einzelnen Verhaltensweisen auf das Gesamtverhalten geschlossen wird. Im ersten Fall wird z. B. aus dem Schüler, der einige Male seine Hausaufgabe nicht ordnungsgemäß erledigt hat, ein überhaupt schlampiger und unzuverlässiger Schüler, als welcher er evtl. auch im Schülerbogen festgeschrieben wird. Im zweiten Fall handelt es sich um unzulässige Verhaltensübertragungen nach dem Muster „Wer lügt, der stiehlt auch." (Vgl. hierzu auch den Halo-Effekt, beschrieben unter 2.2.3/4!)

Neben dem kritischen Infragestellen eigener Voreingenommenheiten und normatier Einstellungen erweist sich als realisierbares und erfolgreiches Instrument zu ihrer Überwindung die *Operationalisierung von beobachtetem Verhalten,* über die unter 2.2.6 und 2.2.3/6. berichtet wurde.

5.4.3 Projektionen im Beobachtungsvorgang

Im Vorgang der Projektion verlagert ein Individuum seine vor allem negativen Gefühle und peinlichen Eigenheiten in ein anderes Individuum, um sie – sozusagen als dessen Äußerung – mit gleicher Münze beantworten zu können. Es ist z. B. nicht selten, daß ein Lehrer, der den angemessenen Umgang mit Autorität nicht beherrscht, diesen Mangel in seinen Vorgesetzten projiziert und damit von vornherein die Entwicklung einer partnerschaftlichen beratenden Beziehung von sich aus blokkiert. Die lauteren Motive des Gesprächspartners werden durch die Projektion verdeckt und haben somit auch keine Chance, zum Tragen zu kommen.

Im dargestellten engeren Sinne ist die Projektion ein Abwehrmechanismus zum Schutz der eigenen Person. In den Beobachtungsvorgang fließen aber auch Projektionen im weiteren Sinne als *Übertragung von Erfahrungen aus früheren zwischenmenschlichen Beziehungen* ein. Der Übergang zu Voreingenommenheiten als relativ verfestigten Einstellungen ist hier fließend. Solche Übertragungen dienen in jeglicher zwischenmenschlichen Beziehung wiederum der Entlastung von immer wieder neuer Meinungsbildung und damit der Entwicklung beschleunigter Handlungsfähigkeit. Für problematische Verhaltenssituationen gilt aber auch hier, daß die Übertragung von Erfahrungen aus scheinbar oder auch tatsächlich ähnlichen Situationen den Blick für die im vorliegenden Fall maßgebenden Zusammenhänge verstellen kann.

In jeder erzieherischen Situation und damit auch in der Beobachtungspraxis des Erziehers/Lehrers kann schließlich noch der *Vorgang der*

Gegenübertragung eine wirklichkeitsfremde Verhaltensentwicklung begünstigen. In der Psychoanalyse wird von Gegenübertragung gesprochen, wenn der Analytiker die auf ihn projizierten Affekte des Patienten als auf seine Person zielend aufnimmt, dadurch seine distanziert-kritische Haltung verläßt und sich in seiner Deutung des Patientenverhaltens von eben diesen Gefühlen beeinflussen läßt.

Auch der Erzieher/Lehrer ist für die Kinder und Jugendlichen u. a. eine *„Projektionsfläche"*, auf die Erfahrungen mit bisherigen Bezugspersonen übertragen werden. Nicht selten entmutigt das sich daraus ergebende Verhalten der Kinder die Erzieher/Lehrer, die etwa ihre Absicht zu ernsthafter partnerschaftlicher Begegnung nicht angenommen sehen. Mit diesem Gefühl der Entmutigung und den nachfolgenden meist autokratischen Reaktionen („Die wollen es ja nicht anders") liegt bereits ein Fall der Gegenübertragung vor. Der Erzieher nimmt die Übertragung der Kinder aus ihren Vorerfahrungen nicht als „Projektionsfläche" hin, sondern er faßt sie auf seine Person gemünzt auf und reagiert verletzt und völlig unangemessen.

Sich von Gegenübertragungen freizuhalten, ist zweifellos schwierig und manchmal ohne Fremdkontrolle gar nicht zu leisten, zumal dann, wenn die Übertragungsphase der Kinder/Schüler z. B. aufgrund massiver negativer Erfahrungen mit einem anderen Erzieher/Lehrer lange andauert, bis die geduldige und konsequente Haltung des jetzigen Erziehers/ Lehrers neue Erfahrungen zuläßt. Hilfreich können bei einem Affektstau des Erziehers/Lehrers *Balintgruppen* sein, die ja in erster Linie in stark emotional beladenen Beziehungen kritische Distanz den eigenen Emotionen gegenüber einleiten sollen. (Vgl. hierzu 5.3.2/2!)

5.4.4 Stereotypen im Beobachtungsvorgang

In Stereotypen schlagen sich Voreingenommenheiten nieder.

Stereotyp bezeichnet etwas Feststehendes, Unveränderliches und starre, festgelegte Vorstellungen in bezug auf soziale Objekte. Unter *sozialen Objekten* oder *Einstellungsobjekten* sind Einzelpersonen (z. B. Bürgermeister), Personengruppen (z. B. Professoren, Arbeiter), Gegenstände (z. B. Flugzeug, Auto), ein Sachverhalt (z. B. Manöver, Versammlung), eine Ideologie oder Idee (z. B. Sozialismus, Freiheit) zu verstehen. Stereotype der öffentlichen Meinung können z. B. entstehen durch Werbung, durch Gerüchte, Tatsachen oder Ereignisse. So ist in Deutschland z. B. ein weitverbreitetes Stereotyp, daß der bedeutendste Feldherr des

2. Weltkrieges auf deutscher Seite Rommel war. Andere Stereotype sind, daß Schwaben sehr sparsam und Schotten geizig sind oder daß Italiener Spaghetti und Rotwein bevorzugen und Amerikaner Whisky und Russen Wodka trinken.

Im erzieherischen Bereich wirksame Stereotypen sind z. B. folgende:
- Mädchen sind geringer begabt als Jungen.
- Mädchen sind weinerlicher als Jungen.
- Mädchen spielen mit Puppen, Jungen mit technischem Spielzeug.
- Der Junge wirbt um das Mädchen u. v. a. m.

Stereotypen beeinflussen die Sichtweise in Beobachtungssituationen und verfälschen somit die Ergebnisse, und dies meist unbemerkt, da die weitgehend übereinstimmende öffentliche Meinung gar keinen Zweifel an der Richtigkeit von Stereotypen läßt. Wie schwer Stereotypen als solche bewußt gemacht werden können, weiß jeder Erzieher, der z. B. mit dem Vater eines offensichtlich mißhandelten Kindes über den Satz „Eine Tracht Prügel hat noch keinem Kind geschadet" in ein Gespräch eingetreten ist.

Ebenso schwer hat man es aber auch u. U. mit manchem Pädagogen in einer Diskussion um die Feststellung: „Ohne Druck und Zwang läuft letztlich in der Pädagogik nichts!"

5.4.5 Konfabulationen im Beobachtungsvorgang

Nach Duden sind Konfabulationen „auf Erinnerungstäuschung beruhende Berichte erfundener Erlebnisse". Im medizinischen Sprachgebrauch bezeichnen Konfabulationen „Störungen bei der Einordnung von Erlebnissen im Gedächtnisfeld"; ferner Zeitgitterstörungen, womit die gestörte „Fähigkeit gemeint ist, die erlebten Ereignisse in zeitlich richtiger Folge zu ordnen und zu reproduzieren". Auch „zufällige Einfälle ohne Bezug zum jeweiligen Gedankengang" werden so genannt, die „oft zur Ausfüllung intellektueller Lücken bei beginnendem hirnorganischem Abbau" auftreten. Alle hirnorganischen Krankheiten (wie sie z. B. mit Alkoholismus, Paralyse, Arteriosklerose verbunden sind) sind von Konfabulationen begleitet (Pschyrembel 1986).

Im Vorfeld hirnorganischer Störungen bezeichnen Konfabulationen aber auch auf Überlastung oder routinierte Oberflächlichkeit zurückgehende Ungenauigkeiten, die zusammengebaut u. U. ein völlig realitätsfernes Bild von einem Menschen oder einer Situation geben können. So wird im erzieherischen Bereich z. B. der Verhaltenskomplex zerstörerischer Aggressivität einem Kind „angedichtet", das zwar in eine entsprechende Situation verwickelt war, aber vielleicht als passiver Zuschauer. Welcher Praktiker kennt nicht den Vorgang, daß ein Kind sich durch ein Urteil oder eine Strafe völlig ungerecht behandelt fühlt. In einem solchen Fall wäre u. a. zu prüfen, ob die Reaktion des Erziehers nicht das Ergebnis von Konfabulationen ist. In systematischen Beobachtungen sind Konfabulationen besonders folgenschwer, da die Beobachtungsergebnisse u. a. Ansatzpunkte für gezielte erzieherische Maßnahmen liefern sollen. Ungesicherte Erinnerungen haben deshalb in einer systematischen Beobachtung nichts verloren, auch nicht als Mutmaßungen.

5.4.6 Der Mildeefekt im Beobachtungsvorgang

Schmalohr (1974) beschreibt mit dem Mildeeffekt die mögliche Tendenz des Erziehers/Lehrers, einer „eindeutigen, vielleicht extremen Aussage" auszuweichen. Dahinter steckt die verständliche Sorge, den Beobachteten durch eindeutige negative Aussagen in ihrer weiteren Entwicklung nicht zu schaden und nicht den Ärger der Betroffenen oder deren Erziehungsberechtigten auf sich zu ziehen. Ergebnisse des Mildeeffekts zeigen sich oft in Form von Schülerbogen- oder Zeugnisbemerkungen, die aus nichtssagenden oder vieldeutigen Gemeinplätzen bestehen. Aber auch mancher „Lagebericht" bei Elternabenden oder an Elternsprechtagen vermittelt austauschbare Durchschnittsbilder, deren Nutzen mehr als fraglich ist.

Sicherlich reicht der zerstörende Effekt vorschneller, auf Vermutungen, Interpretationen und zu wenig Fakten gestützter Urteile meistens weiter als die Unterlassungen, die aus dem Mildeeffekt resultieren. Gelegentlich können aber auch diese Unterlassungen Fehlentwicklungen mitverursachen oder begünstigen, da sie z. B. Erziehungsberechtigte über das tatsächliche Verhalten ihrer Kinder hinwegtäuschen und die Einleitung förderlicher erzieherischer Maßnahmen verzögern. In den meisten Fällen erweist es sich als hilfreich, gegenüber den Erziehungsberechtigten zunächst die Fakten einer systematischen Beobachtung für sich selbst sprechen zu lassen und ihnen auf diese Weise die Möglichkeit anzubieten, evtl. unangenehme Schlußfolgerungen selbst zu ziehen.

5.4.7 Auswahl der Beobachtungssituation

Wir hielten als wichtige Aufgabe bei der Vorbereitung einer systematischen Beobachtung die Auswahl der Beobachtungssituation fest. Es müssen Situationen und Bezugspersonen festgelegt werden, die im Sinne einer Stichprobe am besten Aufschluß geben über das Verhalten, das beobachtet werden soll. In unserem Beispiel fiel Johannes der Erzieherin durch Inaktivität, Gehemmtheit und Kontaktarmut in den Freispielzeiten auf, wenn keiner sein Mittun einforderte. Für eine Abgrenzung, in welchen Situationen sich das auffällige Verhalten zeigt, ist es durchaus bedeutsam, Johannes z. B. auch in geplanten Spielphasen zu beobachten, in denen ihm Führung zuteil wird. Für die weitere systematische Beobachtung aber ist es wichtig, gezielt solche Situationen auszuwählen, in denen das auffällige Verhalten gehäuft auftritt. Schließlich gibt der jeweilige Situationszusammenhang den Erklärungsrahmen für das gezeigte Verhalten ab. Ein undifferenziertes Zusammenfassen von Beobachtungsergebnissen aus unterschiedlichen Situationen, die auch unterschiedliches Verhalten hervorrufen, birgt die Gefahr in sich, daß die eigentliche Beobachtungsproblematik unscharf wird und damit auch die erzieherischen Aufgaben nicht mit Eindeutigkeit abgeleitet werden können.

5.4.8 Die Form des Beobachtungsberichts als Fehlerquelle

Es erwies sich an mehreren Stellen dieser Anleitung zum Beobachtungslernen als wünschenswert, bereits vor Eintritt in die Beobachtung das zu beobachtende Verhalten operational zu beschreiben und ebenso bei der Protokollierung des Beobachteten vorzugehen, also wiederum Geschehen, Verhalten, Situationen ausschließlich zu beschreiben. Operationalisierung besagt u. a. Nachvollziehbarkeit. Je dichter also die Berichterstattung an die Wirklichkeit herankommt, je weniger dabei an wichtigen Informationen verlorengeht und je geringer der Interpretationsspielraum des Lesers gehalten wird, desto wirklichkeitsbezogener wird sein Nachvollzug der Beobachtung sein.

Mollenhauer/Rittelmeyer (1977) führen folgende Beispiele von möglichen Fehlern bei der Berichterstattung an:

„Verkürzungen: Eine Konzentration auf das Wesentliche, das Übergehen unwichtiger Details etc. sind sicher begrüßenswerte Merkmale eines Berichtes, der nicht auch noch andere Funktionen als die der rationellen Darstellung von Beobachtungen haben soll. Die Gefahr solcher Kürzun-

gen ist jedoch immer, daß Details, die dem Berichterstatter unwesentlich sind, für den Adressaten von Wichtigkeit sein könnten (daher kann es unter Umständen nützlich sein, wenn der Adressat Gelegenheit hat, auf ausführliche Protokolle, Ton- oder Bildaufnahmen zurückgreifen zu können).

Kontrastierungen: Dabei werden feinere Abstufungen des Geschehens, Einzelheiten des Verlaufs usw. zugunsten klar gegliederter Einheiten, die sich gegeneinander abheben lassen, vernachlässigt. Es wird z. B. von einem ,strengen Vater' und einer ,nachgiebigen, weichen Mutter' gesprochen, obwohl beide *auch* jeweils entgegengesetzte Verhaltensweisen – diese eben nur seltener – gezeigt haben. Gerade solche Abweichungen von der ,Normalform' können von Bedeutung sein – auch hier wäre also unter Umständen für den Adressaten ausführliches Hintergrundmaterial der schon genannten Art nützlich.

Geschlossenheit, Symmetrie: Die Herstellung ,schlüssiger Geschichten' durch den Beobachtungsbericht unterschlägt gelegentlich faktische Irregularitäten (= tatsächlich gegebene Unregelmäßigkeiten; Köck), disparate (= widersprechende, unvereinbare; Köck) Momente des Geschehens, die für die Interpretation wesentlich sein können. Beispiel: In einer Buchbesprechung wird der ,bürgerliche Standpunkt' des Verfassers herausgearbeitet – und zwar unter Heranziehung stützender und Mißachtung widersprechender Textbeispiele.

Definitionsprobleme: Wörter wie ,Schicht', ,Klasse', ,Problemfamilien', ,bürgerliche Wissenschaftler', ,Neurotiker' tauchen in Beobachtungsberichten häufig als Begriffe mit zentraler Bedeutung auf, ohne allerdings definiert zu sein. Zuweilen werden dabei Urteile der Beobachter, deren Zustandekommen ungeklärt bleibt, wie objektive Beschreibung der Ereignisse dargestellt (Ryder hat solche Fälle als ,Faktualisierung' bezeichnet: sie bestehen darin, daß jemand, der faktisch bewertet, doch zu *beschreiben* scheint). Der Satz in einem wissenschaftlichen Beobachtungsbericht: ,Die Arbeiterjugendlichen waren in revolutionärer Stimmung', dessen Definition auch im Kontext unterbleibt, erschwert eine Rekonstruktion des Geschehens durch den Adressaten. Welche Äußerungen wertete der Schreiber als ,revolutionäre Stimmung'? Hat er den gleichen Begriff davon wie der Adressat? Mit welchem Recht kommt er zu dieser wichtigen Behauptung?"

6 Anhang

6.1 Kategorienschemata

Um die oftmals verfälschenden Elemente freier Beobachtung möglichst auszuschalten, wurden von verschiedenen Forschern *Kategoriensysteme* (syn. *Kategorienschemata*) entworfen, die einen repräsentativen Teilbereich der Interaktion, meistens das verbale Verhalten der Beteiligten, durch vorgegebene Items (= hier präzis formulierte Beobachtungsaufgaben) zu erfassen versuchen. Nach Medley und Mitzel ist ein Beobachtungsitem dann brauchbar, wenn es folgenden Anforderungen gerecht wird:

1. Es soll in der Gegenwart (Präsens) formuliert sein.
2. Es soll positiv formuliert sein.
3. Es soll in der Einzahl (Singular) formuliert sein.

Die Aussage „Lehrer trug wichtige Informationen nicht vor" verstößt gegen alle drei Konstruktionsregeln, während die Formulierung „Lehrer trägt wichtige Information vor" alle drei erfüllt.

Die Handhabung von Kategoriensystemen bereitet dem Anfänger wegen der Zeittakte und der meist großen Anzahl von Items Schwierigkeiten, die am ehesten durch schrittweises Einüben in Itemgruppen (z. B. direkte Lehreraktivitäten oder indirekte Lehreraktivitäten usw.) überwunden werden können. Das Kategoriensystem OScAR (Observation Schedule and Record) von Medley und Mitzel enthält z. B. 70 Items. Demgegenüber sind die im folgenden wiedergegebenen Kategoriensysteme von R. L. Ober und von N. A. Flanders überschaubarer.

Das reziproke Kategoriensystem von R. L. Ober
(In: Graumann/Hofer 1988[15])

Lehrer- Kategorien		Schüler- Kategorien
1	trägt zur „Erwärmung" der Klassenatmosphäre bei	11
2	akzeptiert	12
3	erweitert die Beiträge eines anderen	13
4	fordert heraus, provoziert	14
5	gibt Antwort	15
6	legt nahe, bringt in Gang	16
7	steuert, ordnet an	17
8	korrigiert	18
9	trägt zur „Abkühlung" der Klassenatmosphäre bei	19
10	Schweigen oder Durcheinander	20

111

Das Interaktionsanalyse-System von N. A. Flanders
(In: Hanke/Mandl/Prell 1974)

Kategorien zur Interaktionsanalyse – Die Zahlen sind nicht als Punkte auf einer Skala zu verstehen, sondern dienen lediglich zur Kennzeichnung der einzelnen Kategorien.

(1) Akzeptiert Gefühle: akzeptiert und klärt die Gefühlshaltung der Schüler, ohne zu drohen. Die Gefühle können positiv oder negativ sein. Das Voraussagen von oder Sicherinnern an Gefühlshaltungen ist eingeschlossen.

(2) Lobt oder ermutigt: lobt den Schüler für seine Handlungsweise oder sein Verhalten oder ermutigt ihn; Scherze zur Verminderung der Spannung, jedoch nicht auf Kosten eines anderen, Kopfnicken und Äußerungen wie „Hm" oder „weiter" sind eingeschlossen.

(3) Geht auf Gedanken (Ideen) von Schülern ein: klärt und entwickelt Anregungen von Schülern; wenn der Lehrer mehr eigene Ideen verwendet, benutzt man Kategorie 5.

(4) Stellt Fragen: stellt Fragen nach Inhalt und Verfahren, die die Schüler beantworten sollen.

(5) Trägt vor (doziert): nennt Tatsachen oder Meinungen über Inhalte und Verfahren; äußert seine eigenen Gedanken, stellt rhetorische Fragen.

(6) Gibt Anweisungen: befiehlt, ordnet an, steuert den Unterricht und erwartet, daß die Schüler Folge leisten.

(7) Kritisiert oder rechtfertigt Maßnahmen: will mit seinen Äußerungen das Verhalten des Schülers in seinem Sinne verändern, schreit einen Schüler an, gibt die Gründe für sein Verhalten nicht an, extreme Selbstdarstellung.

(8) Schüler antwortet: Schüler antworten dem Lehrer: Lehrer initiiert den Kontakt oder bittet um Schüleräußerung.

(9) Schüler spricht freiwillig (aus eigener Initiative): Schüler sprechen auf eigenen Wunsch hin. Wenn der

Lehrer nur aufruft, um die Reihenfolge der Sprecher festzulegen, muß der Beobachter entscheiden, ob der Schüler etwas sagen wollte. Wenn ja, wird diese Kategorie verwendet.

(10) Schweigen oder Durcheinander: Pausen, kurze Perioden der Ruhe und Perioden des Durcheinanders, in denen der Beobachter nichts verstehen kann.

6.2 Ratingskala

Unter Ratingskala versteht man eine Schätzskala zur Selbst- und Fremdbeurteilung. Die einzuschätzenden Merkmale sind in mehreren Stufen entweder mit Worten beschrieben oder durch Zahlen gekennzeichnet, z. B. Art der verbalen Äußerungen des Lehrers X in einer bestimmten Zeiteinheit:

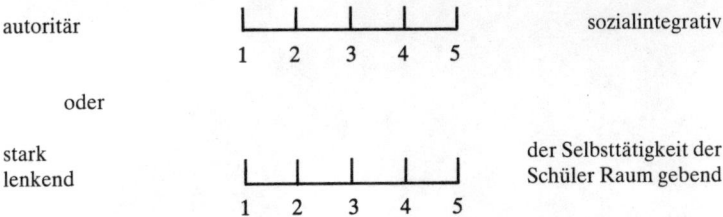

autoritär   1   2   3   4   5   sozialintegrativ

oder

stark lenkend   1   2   3   4   5   der Selbsttätigkeit der Schüler Raum gebend

Eine Ratingskala ist um so zuverlässiger, je mehr in ihrer Anwendung geschulte Beobachter (z. B. bei Beurteilung des Lernverhaltens von Schülern, der Unterrichtsatmosphäre, des Erziehungsstils des Lehrers usw). gleiche bzw. nur geringfügig voneinander abweichende Wertungen geben.

Beispiel eine Ratingskala für den Kindergarten- und Grundschulbereich

Das nachfolgende Beurteilungsschema, das Kamratowski u. a. (1972) für die Feststellung der Schulfähigkeit entwickelt haben, wird ohne Korrekturen übernommen. Mit seinen sehr globalen Formulierungen kann das Beurteilungsschema bestenfalls Tendenzaussagen bringen, die möglicherweise eine systematische Beobachtung erst auslösen. Bei einer systematischen Beobachtung müßten die Einschätzungen operationali-

113

siert, d. h. als konkrete, eindeutige Handlungen formuliert sein. Aber auch ein Beurteilungsschema der vorliegenden Art kann – öfter durchgeführt – wertvolle Ansatzpunkte für pädagogische Schlußfolgerungen bzw. Hinweise zu Verhaltensentwicklungen vermitteln.

Beurteilungsbogen für Vorklassenkinder

Name: _____

Vorname: _____

Geb.-Dat. _____

Beurteilende Stelle	Alter in Jahren u. Monaten _____					
unbeholfen ungeschickt	Körpergeschick/Grobmotorik					sehr geschickt wendig/flink
unbeholfen ungeschickt	Körpergeschick/Feinmotorik					sehr geschickt fingerfertig
leicht ermüdbar kaum belastbar	Körperliche Belastbarkeit					frisch kaum ermüdbar
ordnet sich nicht ein	Einordnung in die Kindergruppe					ordnet sich gut ein
läßt sich nicht führen	Stellung in der Kindergruppe					spielt Führungsrolle
kaum ansprechbar	Gefühlsansprechbarkeit					leicht ansprechbar sensibel
antriebsarm	Temperament					lebhaft
nüchtern einfallslos	Phantasie					phantasievoll
uninteressiert lustlos	Geistige Ansprechbarkeit					interessiert
ablenkbar	Konzentrationsfähigkeit					konzentriert
langsam	Arbeitstempo					zügig flott
wenig differenziert	Arbeitsqualität					differenziert
wenig ausgeprägt	Denkfähigkeit					produktiv
schwach	Gedächtnis					zuverlässig
dürftig	Sprache					reichhaltig
ganzheitlich-diffus	Optische Gliederungsfähigkeit					teilinhaltlich genau
gering	Mathematisches Verständnis					ausgeprägt

115

Deutliche Begabungen und Neigungen:

_____

_____

Sprachstörungen (Stammeln: Unrichtige Aussprache von Lauten, z. B. von s-
Lauten/Stottern/Poltern: Überhastetes Sprechen/Agrammatismus: Grammatika-
lische Fehler):

_____

_____

Sonstige Bemerkungen (Verhalten in der Kindergruppe/Familiensituation/Be-
sonderheiten in der körperlichen und psychischen Entwicklung/Gehör- und Seh-
störungen):

_____

_____

_____

Beurteilung der Schulfähigkeit

nicht schulreif	kaum schulreif	schulreif	gut schulreif	eindeutig schulreif

Hinweise zur Bearbeitung des Bogens: Auf Seite 1 sind 17 Persönlichkeitsmerkmale aufgeführt, die durch Ankreuzen beurteilt werden sollen. Jedes Merkmal hat 5 Abstufungen. Hierzu ein Beispiel:

schwach	Gedächtnis				zuverlässig
				×	

Diese Einstufung besagt, daß das betreffende Kind ein recht zuverlässiges Ge-
dächtnis besitzt. Es unterscheidet sich in dieser Hinsicht deutlich von den übrigen
Kindern der Gruppe. – Auf Seite 2 sind nur Beobachtungen einzutragen, die das
betreffende Kind besonders kennzeichnen.

116

6.3 Anamneseschemata

Der Vorgang der Anamnese wurde unter 3.1.2.4 beschrieben. Die nach-folgend angebotenen Anamneseschemata sollen den Leser anregen, das für sein Praxisfeld am ehesten geeignete auszuwählen und seinen beson-deren Bedürfnissen entsprechend zu verändern.

6.3.1 Der Denver-Suchtest

Der Denver-Suchtest dient in erster Linie der Feststellung normabwei-chenden Verhaltens. Er eignet sich m. E. aber auch als Orientierungs-hilfe für entsprechende Fragestellungen bei der Anamnese. Darüber hinaus wird er an dieser Stelle aufgenommen, um im Sinne eines groben Überblicks Verhaltensmuster in Erinnerung zu rufen, die bis zum Alter von sechs Jahren erwartet werden dürfen.

Denver-Suchtest

Suchverfahren, das grobe Entwicklungsstörungen aufzeigt

Fleming, I.: Mat. Med. Nordm. 22 (1970), 340–356 – Frankenburg, W. K. u. J. B. Dodds: Denver Developmental Screening Test J. Pediat. 71 (1967), 181–191. Copyright 1969, W. K. Frankenburg, M. D. and J. B. Dodds, P. D., University of Colorado Medical Center, USA.

Die Kästchen geben den zeitlichen Spielraum für die normale kindliche Entwicklung an

25% 50% 75% 90%

Sozialer Kontakt

Feinmotorik und Adaptation

Monate / Jahre

Beobachtet Gesicht
Erwidert Lächeln
Lächelt spontan
Anfangs scheu bei Fremden
Spielt „backe, backe Kuchen"
Macht Hausarbeit nach
Zieht Kleidungsstücke an
Knöpft zu

Ißt Kekse alleine
Spielt mit dem Untersucher Ball
Benutzt Löffel mit Kleckern
Wäscht und trocknet die Hände
Zieht sich an unter Anleitung
Zieht sich an ohne Anleitung

Widersteht der Wegnahme des Spielzeugs
Macht Wünsche deutlich (ohne Schreien)
Hilft im Hause – einfache Aufgaben
Trennt sich leicht von Mutter

50%
Spielt Versteck
Trinkt aus der Tasse
Spielt mit anderen, z. B. fangen

Greift nach Objekt außerhalb Reichweite
Zieht Kleidungsstücke aus

Folgt mit Augen zur Mittellinie
Gleichseitige Bewegungen
Folgt mit Augen über die Mittellinie
Folgt mit Augen 180°
Hände zusammen
Ergreift Klapper
Betrachtet Rosinen
Langt nach Spielzeug
Schaut sitzend auf Wollknäuel
Nimmt sitzend 2 Klötzchen
Schlägt 2 Klötzchen zusammen
Kritzelt spontan
Turm mit 2 Klötzchen
Malt Kreis nach
Malt Kreuz nach
Malt Quadrat nach
Malt Quadrat nach, wie demonstriert

Greift nach Rosinen
Daumen-Finger-Griff
Pinzettengriff beim Aufnehmen von Rosinen
Turm mit 4 Klötzchen
Turm mit 8 Klötzchen
Baut Brücke nach
Zeichnet Mensch (3 Teile)

Gibt Klötzchen von einer Hand in die andere
Kippt Rosinen aus Flasche, wie demonstriert
Kippt Rosinen aus Flasche, spontan
Malt eine vertikale Linie (bis 30° Abweichung)
Gibt längere von zwei Linien an
Zeichnet Mensch (6 Teile)

* 100% bei Geburt

118

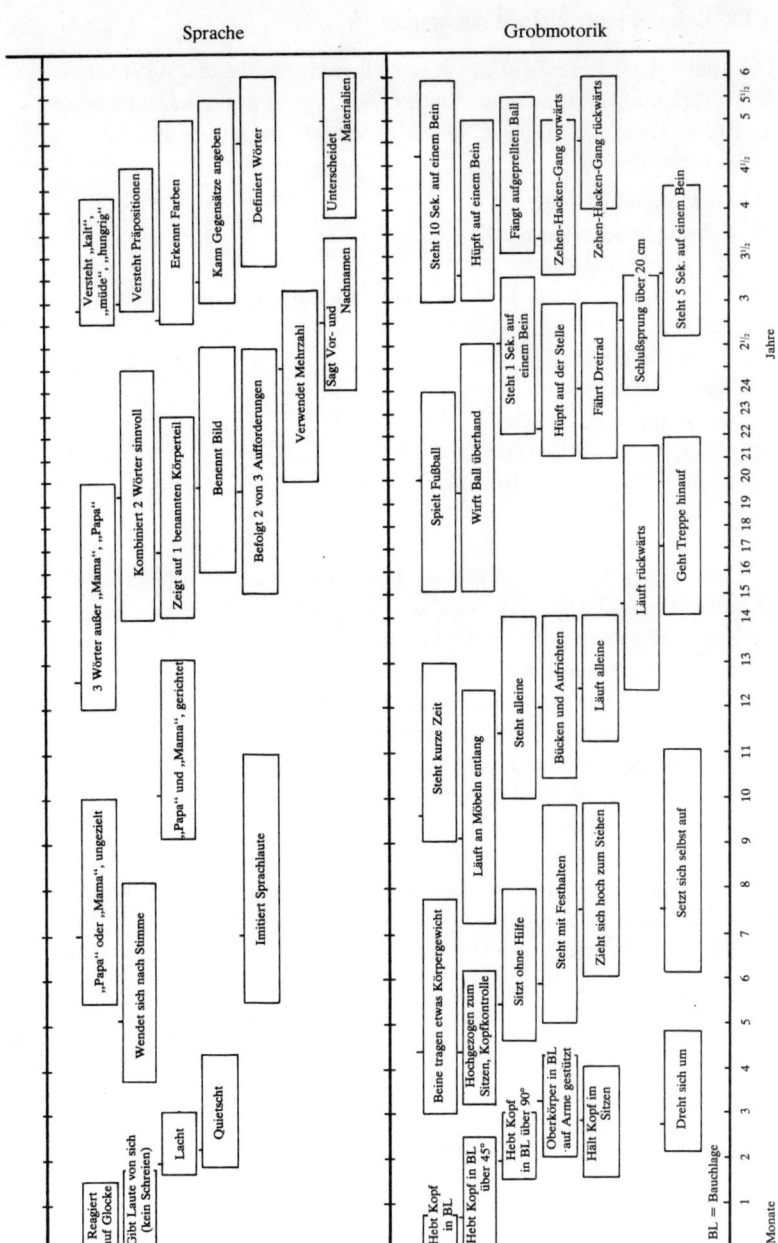

Sprache Grobmotorik

119

6.3.2 Beispiel einer kleinen Anamnese

Die kleine Anamnese dient einem schnellen Überblick über den bisherigen Entwicklungsverlauf eines Kindes oder Jugendlichen. In Anlehnung an Brem-Gräser und Lückert können folgende Fragen gestellt werden (vgl. Adelhoch 1983).

1. Gewünschtes Kind?
2. Schwangerschaftsverlauf?
3. Wieviel-Monats-Kind?
4. Verlauf der Geburt? Verhalten kurz nach der Geburt?
5. Stillkind oder Flaschenkind?
6. Wann die ersten Zähne?
7. Wann laufen gelernt?
8. Wann sprechen gelernt?
9. Wann war das Kind sauber?
10. Verlauf des „Ersten Trotzalters" (Zeit zwischen 2. und 3. Lebensjahr)
11. War das Kind im Kindergarten? Verhalten?
12. Wie verlief die Einschulung und besonders das erste Schuljahr?
13. Mit wem und was spielte das Kind gerne? Lieblingsbeschäftigung?
14. Geschwisterreihe und Verhältnis zu den Geschwistern?
15. Soziale Lage der Familie? Arbeitet das Kind auch?
16. Sind in der Verwandtschaft auffällige und schwierige Menschen?
17. Wohnverhältnisse? Schlafgelegenheit?
18. Wer hat die Erziehung vorwiegend in der Hand? Wie?
19. Wem gleicht das Kind äußerlich und charakterlich?
20. Verhältnis zwischen Vater und Mutter? Klima der Familie?
21. Hatte das Kind ein besonders schweres Erlebnis zu ertragen?
22. Gesundheitszustand, besondere Krankheiten? Unfälle? Wetterempfindlich? Allergien?
23. Welche Schwierigkeiten hat das Kind?
24. Auf welche Ursache könnte man die Schwierigkeiten zurückführen?
25. Was ist bisher zur Behebung dieser Schwierigkeiten getan worden?

6.3.3 Beispiel einer großen Anamnese

Eine ausführliche Anamnese wird nötig, wenn ein Kind wegen auffallender Verhaltensmuster einer systematischen Beobachtung übergeben werden soll, wenn es einer Sondereinrichtung zugeteilt wird (z. B. Sonderkindergarten oder Sonderschule) oder wenn es einer gezielten Therapie überstellt wird. Dem jeweiligen Zweck entsprechend gibt es spezielle Vordrucke von Anamneseschemata, die aus der Literatur oder von den betreffenden Institutionen zu erfragen sind.

Nachfolgend wird als Beispiel einer ausführlichen Anamnese ein Befragungsschema vorgestellt, das zur Eingrenzung von Verhaltensauffälligkeiten entwickelt wurde. Es entstammt einem mit Bundesmitteln geförderten Modellversuch des Staatsinstituts für Frühpädagogik in München. Titel des Modellversuchs: Pädagogische und therapeutische Modellprogramme zur Veränderung auffälliger Verhaltensweisen im Kindergarten.

Projektleiterin: Dipl.-Psych. Ute Hüffner

Die vorliegende veränderte Fassung wurde in Zusammenarbeit mit Erzieherinnen erstellt, die in Schulkindergärten der Stadt München tätig sind.

Anamnese

BEFRAGUNGSSCHEMA
ZUR ANALYSE KINDLICHER VERHALTENSAUFFÄLLIG-
KEITEN

1. Beschreibung des „Problem"-Verhaltens

Positive Verhaltensweisen des Kindes
- Spielpartner

- Ort des Spielgeschehens

- Art der Spiele

- Selbständigkeit im Umgang mit anderen

Störendes Verhalten (bezüglich Häufigkeit, Dauer, Intensität):
- aus der Sicht der Mutter

- aus der Sicht des Vaters

- aus der Sicht anderer (Großmama, Lehrer, Nachbar..., nur, wenn sie wichtige Bezugspersonen sind)

- aus der Sicht des Kindes

Besondere persönliche Charakteristika des Kindes
(körperliche, sensorische, motorische, geistige Auffälligkeiten bzw. Defizite)

Gewohnheiten und Eigenschaften des Kindes
(Schlaf- bzw. Eßgewohnheiten)

2. Klärung der Problem-Situation

Wen stört das Problemverhalten mehr, wen weniger?

Wann, wie und unter welchen Bedingungen tritt das Problemverhalten auf?

In welchen Situationen ist das Problemverhalten am ausgeprägtesten?

Gibt es bestimmte Zeiten/Umgebungen, in denen das Problemverhalten auftritt?
(bei bestimmten Personen, in den Ferien, in der Schule, beim Spielen)

Welche Reaktionen gibt es auf das Problemverhalten?
– bei der Mutter

– beim Vater

– bei anderen

– beim Kind selbst (Nur bei bestimmten Problemen ist ein Kind dieser Altersstufe in der Lage, dies zu äußern; z.B. ein Kind kann etwas Bestimmtes nicht, es ist mutlos und gibt auf).

Was geschieht, wenn das Problemverhalten nicht auftritt?
(Frage anhand eines konkreten Beispiels formulieren)
– von seiten der Mutter

– von seiten des Vaters

– von seiten anderer

– von seiten des Kindes selbst (z.B. Kind freut sich über seinen Erfolg mit der Schneidearbeit)

3. Entwicklungsanalyse

Wann traten zum ersten Male Schwierigkeiten mit dem Kind auf?
(Konkrete Situationen angeben)

Unter welchen Bedingungen trat das Problemverhalten zum erstenmal auf?

Wurden damals noch weitere störende Verhaltensweisen beobachtet?
(z.B. erneutes Einnässen, Fremdeln)

Wie war damals die Reaktion auf das neue Verhalten?

– bei der Mutter

– beim Vater

– bei anderen

– beim Kind selbst

Hat sich das Problemverhalten im Laufe der Zeit verändert?
(intensiver, häufiger, auf andere Situationen ausgeweitet...)

Wurden körperliche, sensorische, motorische oder geistige Veränderungen beobachtet?
(worauf wurden sie zurückgeführt?)

Gab es besondere Veränderungen in der unmittelbaren sozialen Umwelt des Kindes? Wie reagierte das Kind darauf?
(Umzug, Kindergartenbeginn, Einschulung, Geburt eines Geschwisters, Trennung der Eltern...)

4. Analyse der sozialen Beziehungen

Welche Bezugspersonen sind vorhanden, und mit wem ist das Kind besonders gern zusammen?

Gibt es tpyische Verhaltensweisen der Familienmitglieder untereinander?
(Bevorzugung eines bestimmten Kindes – von seiten der Eltern des Kindes –, bestehen besondere Rücksichtnahmen gegenüber bestimmten Familienmitgliedern)?

Gibt es Kontaktpersonen, die das Kind ablehnt?

Sind sich die Eltern in den Erziehungszielen einig?

Gibt oder gab es besondere Charakteristika oder Auffälligkeiten im Verhalten der Eltern?

Gibt oder gab es bei den Eltern Verhaltensweisen, die das Kind bei seinem Problemverhalten übernommen haben könnte?

Welche Personen haben zusätzlichen Erziehungseinfluß?
(Großmutter...)

Wer verbringt die meiste Zeit mit dem Kind?

5. Motivationsanalyse

Was hat oder macht das Kind gerne?
(bestimmte Spiele, Toben, Fernsehen, Schwimmen, Schokolade; evtl.
schon beantwortet unter Punkt 1, Vertiefungsmöglichkeit)

Wechselt das Kind häufig seine Bevorzugungen?

Hat das Kind besondere Abneigungen?

*Wer geht am besten auf das Kind ein? Wie häufig ist das Kind mit dieser
Bezugsperson zusammen?*

Auf welche Weise geht diese Bezugsperson auf das Kind ein?
(Gespräch, Spiel, Geschenke)

*Welche Verhaltensweisen wollen Sie bei Ihrem Kind besonders fördern?
Und wie versuchen Sie das zu erreichen?*

– Mutter

– Vater

– andere Erziehungspersonen

*Welche Erziehungsperson geht auf das Verhalten des Kindes am konse-
quentesten ein?*

*Wurde bereits versucht, das Problemverhalten abzubauen? Wie erfolg-
reich war das?*

6. Analye der sozialen Umwelt

Charakteristika des sozialen Milieus
(Erlernter Beruf, materieller Hintergrund, Wohnverhältnisse, Nachbarschaft, wohnen gleichaltrige Kinder in der Nähe, dürfen die Kinder mit diesen auch zu Hause spielen?)

7. Chancen der pädagogischen Beeinflussung des Problemverhaltens

Leidet das Kind unter dem Problemverhalten?

Welche Erwartungen bestehen in bezug auf die Beseitigung des Problemverhaltens?

– bei der Mutter

– beim Vater

– bei anderen Erziehungspersonen

– beim Kind selbst

Was erwarten die einzelnen Erziehungspersonen von der Betreuung im Kindergarten/Schulkindergarten, in der Schule usw.?

Könnten in besonderen Fällen Hausbesuche durchgeführt werden?

Wurden früher Beratungen durchgeführt? Mit welchem Erfolg?
(z. B. durch eine Erziehungsberatungsstelle)

Liegen Gründe vor, die einen häufigen Kontakt mit den Erziehungspersonen erschweren?

8. Nach Abschluß des Gesprächs von der Erzieherin zu beantworten:

Sind die Angaben der einzelnen Beteiligten klar oder widersprüchlich?
(Mutter, Vater, Lehrer, Kind...)

Gibt es Unterschiede zwischen den Normen verschiedener sozialer Milieus, in denen das Kind lebt?
(zu Hause, Spielgruppe, Kindergarten ...)

Falls nötig, wie veränderungsfähig sind die unmittelbaren Umweltbedingungen bzw. die beteiligten Erziehungspersonen?

Wie motiviert sind die beteiligten Erziehungspersonen zur Mitarbeit?

Welche Verhaltensweisen zeigte die Mutter im Gespräch?
(sehr zurückhaltend, aufgeschlossen, ablehnend; wenig bereit, auf Fragen einzugehen).

Beurteilung des eigenen Verhaltens während des Anamnesegesprächs:
Dauer des Gesprächs:

Fühlte sich einer der Gesprächspartner unter Zeitdruck?

Wie war das emotionale Klima?

Sonstiges
(Zusätzliche Angaben, die nicht unmittelbar das Anamnesegespräch betreffen, aber dennoch wichtig sind).

6.3.4 Kurzanamnese und Kurzbeobachtung zur Feststellung der Schulfähigkeit

Für die *Feststellung der Schulfähigkeit* (vgl. auch 7.2) schlägt Fäßler (1989) als bewährte Hilfsmittel in seiner schulpsychologischen Praxis folgende Kurzanamnese und Kurzbeobachtung vor:

Tabelle 1: Anamnestische Fragen zur Schuleinschreibung

Name: _____

Die *(freiwillige)* Beantwortung dieser Fragen soll der Beratung dienen und es dem Lehrer des 1. Schuljahres ermöglichen, Ihr Kind besser zu verstehen und zu fördern.

Hinweise: während des Interviews ggf. abdecken!

1. Womit beschäftigt sich das Kind am liebsten? _____ _____ _____	meist allein? eintönige Spiele? Durchhaltefähigkeit? Bewegungsdrang?
2. In welchem Alter lernte das Kind laufen? _____	später als 18 Monate?
Hat Ihr Kind gekrabbelt? _____	
3. Wann wurde das Kind sauber? _____	später als 2 Jahre?
4. Wann begann das Kind zu sprechen? a) einzelne Wörter? _____ b) kleine Sätze? _____	später als 2,9 J.? später als 3,6 J.?
5. Hatte die Schwangerschaft normale Dauer? _____	unter 37 Wochen? mehr als 1 Wo. über errechnetem Geb.-Termin?
6. Verlief die Geburt des Kindes normal? _____	*Komplikationen,* Sauerstoffmangel, längerer Krankenhausaufenthalt, bleibende Schäden?
7. Welche schweren Krankheiten hatte Ihr Kind seitdem (insbes. mit hohem Fieber, anhaltende Verdauungsstörungen, Sauerstoffmangel)? _____	Fieber deutlich über 39°?
8. Ist Ihr Kind öfters krank? _____	6mal im Jahr?
9. Hatte das Kind schwerere Unfälle? _____	Folgeschäden, Kopfverletzungen?
10. Gab es belastende Ereignisse im Leben Ihres Kindes? _____ _____ _____	Krankheit, Tod, Scheidung, Umzug, Alleinerziehung, kleine Wohnung, Krankenhausaufenthalte?
11. Befürchten Sie Schwierigkeiten für den Schulanfang? _____ _____ _____	leicht ermüdbar? leicht erregbar? sehr empfindsam? zu zappelig? erziehl. Probleme?
12. Kann Ihr Kind am Turnunterricht teilnehmen? _____	körperliche Behinderung?

Vielen Dank!
Die Auskünfte wurden von _____ gegeben.

Diese Angaben stehen unter Vertraulichkeit und werden dem Schülerbogen *nicht* beigefügt.

Tabelle 2: Beobachtungen zur Schuleinschreibung
(Kurzüberprüfung)

Name: _____ Vorname: _____	Auffälligkeiten

1. Prüfung der Spontansprache, Satzsprache

a) („Wie heißt du? Wie bist du herge-
kommen? Mutter? Vater? Freust du
dich auf die Schule? usw.

Kontaktbereitschaft
○ ja
○ nein

b) Nachsprechen von Sätzen
1. Ich esse süße Sahne gern.
2. Franz kriegt einen großen braunen Drachen.
3. Blaue Fliegen plumpsen ins
Wasser.

Sprachfertigkeit
○ gut
○ angemessen
○ schwach

Sprachstörung
○ s
○ r
○ l
○ Sonstiges

II. Größen- und Mengenauffassung

1.

„Wie viele Bälle sind das?"
„Welcher Ball ist der größte bzw.
kleinste?"
„Zeige den zweiten Ball!"

Mengenauffassung
○ ja
○ nein
○ spontan

Größenvergleich
○ ja
○ nein

2.

„In welcher Schüssel liegen die meisten Ostereier?"
„Wo liegen gleich viele Eier?"

Reihenfolge
○ ja
○ nein

III. Formauffassung und -wiedergabe

1. „Suche die gleiche Figur und zeige
sie mir!"
(Lehrer kreuzt die Figuren an – Zei-
chen abdecken)

2. „Was könnte das sein?"
„Zeichne die Figur auf die freien
Punkte einmal mit der linken Hand
und dann mit der rechten Hand!"

Formerfassung
○ ja
○ nein
○ spiegelverkehrt
○ Gestalt erfaßt
○ Lage verschoben
○ neben den Punkten
○ Anzahl der Striche
fehlerhaft
○ Rechtshänder
○ Linkshänder

Feinmotorik:
○ ausgeprägt
○ weniger ausgeprägt

IV. Farbprüfung z. B. an Stäben, Farbstiften
(abhaken, nicht erkannte Farben einkreisen)

rot blau gelb grün orange braun
rosa

Farbprüfung:
nicht erkannte Farben
links einkreisen

129

6.4 Vorschläge für „Diagnosebogen"

Mit Diagnosebogen sind hier Hilfsmittel in schriftlicher Form für die Ermittlung und Analyse beobachteten Verhaltens gemeint. Während also in der Anamnese die bisherige Entwicklung erfragt wird, versucht die Diagnose den augenblicklichen Ist-Zustand zu erfassen.

6.4.1 Anregungen für die Verhaltensdiagnose bei Kindern bis ca. 10 Jahren*

Die folgenden Hinweise haben das Ziel, aus den Verhaltensbeobachtungen einzelner Kinder Fördermaßnahmen abzuleiten:
Die aufgeführten Kriterien sollen zu keinem fixierten psychologischen Gutachten über einzelne Kinder führen. Sie sind vielmehr Anregungen für persönliche Merkhilfen, das Gespräch zwischen den betroffenen Pädagogen und Grundlage für Elterngespräche.
Bei der Beschreibung des beobachteten Verhaltens kann die Nuancierung sowohl im Hinblick auf die Häufigkeit des Auftretens (oft-selten) als auch auf die Intensität (stark-schwach) des beobachteten Verhaltens vorgenommen werden.

1. Sozialverhalten

1.1 Welches Kontaktverhalten zeigt das Kind innerhalb seiner Gruppe?
– nimmt selbständig Kontakt auf (ungezwungen, aktiv, spontan)
– hält sich zurück (gehemmt, scheu)
– wartet darauf, daß man mit ihm Kontakt aufnimmt (passiv, abhängig).

1.2 Welche emotionalen Zuwendungsmöglichkeiten hat das Kind (gegenüber Alterskameraden – gegenüber Erwachsenen)?
– äußert spontan seine Gefühle (Zuneigung, Mitleid, Einfühlungsvermögen)
– wirkt eher gleichgültig, distanziert, ausdrucksgehemmt.

1.3 Wie ist die Bereitschaft zur Zusammenarbeit/Verhalten bei Konflikten?
– zeigt sich hilfsbereit
– verhält sich verantwortungsbewußt für andere

---

* Quelle: Ministerium für Kultus und Sport/Baden-Württemberg: Dokumentation Bildung Nr. 1 Kooperation zwischen Kindergarten und Grundschule. Stuttgart 1979

130

- kann nachgeben und die Interessen/Meinungen anderer anerkennen
- kann Regeln übernehmen, Gemeinschaftsaufgaben erfüllen, kann vermitteln
- durchsetzungsfähig, aber nicht egozentrisch.

1.4 Welche Verhaltensweisen zeigt das Kind in schwierigen Situationen?
- physisch aggressiv, verbal streitend, resignativ sich zurückziehend, vermeidend, ausweichend.

2. Emotionales Verhalten

2.1 Zeigt das Kind Selbstsicherheit?
- kann seine Wünsche äußern, wirkt angstfrei und sicher
- kann seine Bedürfnisse und Wünsche nicht äußern, wirkt eher ängstlich, unsicher, gehemmt.

2.2 Verhält sich das Kind selbständig?
- entwickelt Eigeninitiative.

3. Motivationales und intellektuelles Verhalten

3.1 Wie ist die Merkfähigkeit ausgeprägt?
- kann Aufgenommenes nach kurzer/längerer Zeit wiedergeben
- kann nach längerer Zeit früher Aufgenommenes reproduzieren (Angabe: Zeitraum des Behaltens, Art der Information).

3.2 Wie verhält sich das Kind bei Aufgaben, die Konzentration und Ausdauer erfordern?
- kann aufmerksam zuhören, Arbeitsanweisungen erfassen
- führt Arbeiten kürzerer/längerer Dauer zu Ende
- kann sich über einen längeren/kürzeren Zeitraum konzentrieren.

3.3 Wie verhält sich das Kind im Spiel und bei Arbeiten?
- bringt neue, originelle Einfälle
- verwendet meist vorgegebene Muster
- beharrt auf immer gleichen Schemata.

3.4 Über welche Kenntnisse und Fertigkeiten verfügt das Kind?
- kann Zusammenhänge seines Erfahrungsumfeldes erfassen und wiedergeben
- kann Gegenstände in bezug auf ihre Eigenschaften (Mengen, Größen, Farben) benennen
- kann mit Gegenständen, Materialien und Werkzeugen angemessen umgehen

(Handhabung von Papier, Bleistift, Schere usw. sowie sorgfältiges Umgehen mit Gebrauchsgegenständen).

3.5 Welche besonderen Interessen sind beim Kind zu beobachten?
– z. B. in den Bereichen Spiel, Sprache, Musik, Malen, Werken, Sport, Natur, Technik, häuslicher-pflegerischer Bereich.

4. Sprachverhalten

4.1 Zeigt das Kind altersgemäßes Sprachverständnis und sprachliche Ausdrucksfähigkeit?
– kann Gesprochenes inhaltlich erfassen
– kann verständlich und zusammenhängend erzählen
– kann Objekte benennen, Unterschiede und Gemeinsamkeiten herausfinden.

4.2 Sprachstörungen
(Bei Auffälligkeiten sind Sprachheilpädagogen zur Differentialdiagnose hinzuzuziehen.)

5. Körperbeherrschung

5.1 Wie kann das Kind seine Gesamtbewegungsabläufe beherrschen?
– kann das Gleichgewicht bewahren
– kann grobmotorische Abläufe koordiniert und gezielt einsetzen (Gehen, Laufen, Springen etc.).

5.2 Wie verläuft die Koordination der Feinmotorik?
– zeigt Finger- und Handgeschicklichkeit.

5.3 Zeigt das Kind Links-Dominanz?
– z. B. beim Werkzeuggebrauch, beim Spiel.

5.4 Motorische Störungen
(Nähere Angaben über die Art der grob- bzw. feinmotorischen Beeinträchtigungen.)

6. Sinnesbeherrschung

6.1 Zeigt das Kind akustische Differenzierungsfähigkeit?
– kann Geräusche unterscheiden.

6.2 Zeigt das Kind Anzeichen, die evtl. auf eine Hörstörung hinweisen?
(Nähere Angaben bzw. diagnostische Abklärungen erforderlich).

6.3 Kann das Kind optische Gebilde differenziert betrachten?
– kann Einzelheiten aus einem wahrgenommenen Bild herausgliedern
– kann optische Gebilde aus Einzelheiten (wieder) zusammensetzen.

6.4 Zeigt das Kind Anzeichen, die evtl. auf eine der folgenden Störungen im Bereich der optischen Wahrnehmung hindeuten?
– Augenfehler-Sehstörungen, Farbunterscheidungsschwäche, Formunterscheidungsschwäche (weitere diagnostische Abklärungen erforderlich).

Es ist sinnvoll, die zu beobachtenden Verhaltensmerkmale durch Elterngespräche zu ergänzen.

6.4.2 Beispiel eines Protokolls zum Arbeitsverhalten

Erhebungen zu bestimmten Verhaltensbereichen haben den Vorteil für sich, überschaubar zu sein. Ihre Güte hängt davon ab, in welchem Ausmaß die wesentlichen Verhaltenskomponenten eines größeren Verhaltensbereichs erfaßt sind.
Für die praktische Durchführung empfiehlt es sich, Erhebungsbogen dieser Art im Querformat DIN A4 anzulegen, um Platz für eine größere Anzahl von Beobachtungsdaten zu gewinnen.

Erhebungen zum Arbeitsverhalten

Erhebungen zum Arbeitsverhalten

Name: Datum

Verhaltenskomponenten										
Arbeits-bereit-schaft	Hohe AB									
	Neutrale/abwartende AB									
	Geringe AB									
	Eingestellte AB									
Ausdauer	Bis zum Ende durchgehalten									
	Bis zur Hälfte durchgehalten									
	Vor der Hälfte abgebrochen									
	Mit Aufforderung durchgeh.									
Konzentra-tion	Aufgabenfixiert									
	gelegentlich ablenkbar									
	sehr leicht ablenkbar									
	völlig unkonzentriert									
Arbeits-tempo	Überdurchschnittlich schnell									
	Durchschnittlich									
	Langsam									
	Extrem langsam									
Arbeits-aus-führung	Sorgfältig									
	Befriedigend									
	Mit Formmängeln									
	Mit erhebl. Formmängeln									
Arbeits-ergebnis	Fehlerfrei									
	Kleiner Korrekturen bedürftig									
	Sehr fehlerhaft									
	An der Aufgabe vorbei									
Selbstän-digkeit	Arbeit allein									
	Mit mehreren Anstößen									
	Gemeinsam mit dem Erz.-Lehrer									
	Nur mit Fremdhilfe									

Letztlich handelt es sich hier um eine Ratingskala (vgl. Anhang 6.2!), in der die einzelnen Schätzwerte ausformuliert sind. Eine Beobachtung des durch den Erhebungsbogen erfaßten Verhaltensbereichs über längere Zeit gibt Aufschluß über die Verhalten*sentwicklung* und über die jeweiligen situativen Zusammenhänge und deren Auswirkungen.

6.4.3 Beispiel einer fortlaufenden Sammlung von Beobachtungs- und Meßdaten im schulischen Bereich

Die schulische Diagnose beschränkt sich oftmals auf die Sammlung von Noten. Gelegentlich stehen noch die Ergebnisse von Tests und Soziogrammen zur Verfügung und evtl. einige stichwortartige Notizen von Lehrern über besonders auffällige Verhaltensmuster. Bei der weitreichenden Bedeutung schulischer Beurteilung ist es m. E. der Überlegung wert, welche Daten um einer zuverlässigen Aussage willen erhoben werden sollten und in welcher Form dies geschehen könnte. Eine einigermaßen gesicherte Datensammlung erleichtert zumindest schwerwiegende Entscheidungen, wie sie z. B. bei Übertrittsverfahren, Konferenzen über das Vorrücken, Anfertigung von Schülerbogenbemerkungen usw. gefordert sind.

Der nachfolgende Vorschlag, den der Autor über Jahre hinweg in der Praxis modifiziert und erprobt hat, verlangt zunächst einmal die Abschaffung des handlichen Notenbüchleins als einziger Beurteilungsgrundlage. Wenn allerdings die Entscheidung für die umfassenderen Formblätter einmal gefallen ist, braucht der Lehrer nur noch die Kopie einer ausreichenden Anzahl zu veranlassen und die Einordnung in einen Ringordner DIN A4 vorzunehmen. Die einzelnen Daten sammelt er nach und nach, vor allem wenn aktuelle Anlässe gegeben sind.

Möglich ist ferner, dieser allgemeinen Datensammlung spezielle Daten aus Erhebungen zu bestimmten Verhaltensbereichen (vgl. Anhang 6.4.2!), aus Tests und Soziogrammen hinzuzufügen.

Auf *Seite 1* werden alle Fakten zum Leistungsverhalten des Schülers eingetragen. Schüler und Erziehungsberechtigte sollen gegebenenfalls diese Aufzeichnungen einsehen können.

Auf der *Rückseite (Seite 2)* notiert der Lehrer sein Belegmaterial für Beurteilungen, Zeugnisbemerkungen, Beratung usw., das er im Gespräch mit Schülern und Erziehungberechtigten heranziehen wird, aber nicht zur Einsicht freigeben muß.

Name, Vorname	

Geburtsdatum	Konfession	Anschrift

1. Fach	
Vorjahresnote	

	1. Halbjahr	2. Halbjahr
Zeitpunkt		
Schulaufgaben		
Stegreifaufgaben		
Mündliche Leistungen		

Bermerkungen zu den Leistungsmessungen:

2. Fach	
Vorjahresnote	

	1. Halbjahr	2. Halbjahr
Zeitpunkt		
Schulaufgaben		
Stegreifaufgaben		
Mündliche Leistungen		

Bemerkungen zu den Leistungsmessungen:

1. *Informationen zum außerschulischen Bereich:* Z. B. häuslicher Bereich, Freizeitverhalten, besondere Belastungen . . .	2. *Äußeres Erscheinungsbild:* V. a. körperliche Beeinträchtigungen, Haltungsfehler, Auftreten
3. *Schulischer Werdegang und Zielvorstellungen:* V. a. evtl. Lernschwierigkeiten, besondere Neigungen, Begabungsprofil, Berufswünsche . . .	4. *Auffällige Verhaltensmuster:* Z. B. Ängste, Hemmungen, Sensibilität, Aggressivität . . .
5. *Lern- und Arbeitsverhalten:* 5.1 Mitarbeit/Erledigung von Hausarbeiten: 5.2 Lerntyp/Denkfähigkeit/ Kreativität . . . 5.3 Motivation, Selbständigkeit, Arbeitstempo, Konzentration, Ausdauer	6. *Soziale Stellung i. d. Klasse und Sozialverhalten:* Daten aus Soziogrammen und von aktuellen Ereignissen . . .

6.5 Feedbackregeln

Im kybernetischen Sprachgebrauch bezeichnet Feedback die Funktion der laufenden Rückmeldung von Ist-Werten in einem Regelkreissystem, wodurch wieder ihre sofortige Angleichung an vorgegebene Soll-Werte ermöglicht wird oder evtl. der begründete Anlaß zu einer Veränderung der Soll-Werte geschaffen wird. Die Gruppendynamik versteht Feedback als vor allem verbale Verarbeitung von Informationen und Signalen zwischen Personen zum Zweck der Steuerung oder Veränderung von Verhaltensweisen. Da Feedback eine Methode zur konstruktiven Bearbeitung der emotionalen Befindlichkeiten und der sozialen Bezüge in einer Gruppe ist, setzt es zu einer wirksamen Entfaltung gegenseitiges Vertrauen bei den Betroffenen und eine positive Grundhaltung füreinander voraus. Unter den genannten Voraussetzungen ist Feedback eine zuverlässige Methode, die Lernbedingungen in einer Gruppe oder für Einzelne günstig zu beeinflussen, psychisch bedingte Lernstörungen zu beheben und mögliche Eskalationen von Ablehnung, Aggression, Unterdrückung, Angst usw. zu verhindern.

Für den Lehrenden und Erzieher muß klar sein, daß er durch bloße Stoffvermittlung bzw. Beschäftigung seinem pädagogischen Auftrag nicht genügen kann. Er kann vielmehr seine Ziele nur optimal erreichen, wenn er fähig und bereit ist, die Reaktionen und Signale der Lernenden sensibel aufzunehmen und sie zusammen mit den Lernenden situationsgerecht zu verarbeiten, auch wenn sich für ihn selbst die Notwendigkeit einer Korrektur seines Verhaltens, seiner Methode, seines Lehrziels ergeben sollte.

Feedbackregeln

Wenn Feedback im Sinne einer ernstgemeinten Förderung von Kommunikation wirksam werden soll, erweist es sich als günstig, folgende Regeln zu beachten:

1. Ein nützliches Feedback kann nur aus einer *positiven Grundhaltung* der Betroffenen erwachsen. Der Feedback-Gebende sollte sich selbstkritisch prüfen, ob seine Motive zum Feedback aufbauend, kommunikationsfördernd sind oder ob sich hinter ihnen nicht etwa die Lust zu destruktiver Kritik oder zum bloßen Abreagieren seiner Unmutsgefühle verbirgt.

2. Feedback muß *brauchbar* sein, d. h. auf veränderbare Verhaltensweisen bezogen und nicht etwa auf unveränderbare körperliche Merkmale.

3. Feedback sollte *konkret und präzis* sein, also das aktuelle Geschehen, die die Reaktion hier und jetzt auslösende Verhaltensweise ansprechen.

4. Es ist günstig, wenn das Feedback *erbeten* ist, weil damit eine positive Aufnahmebereitschaft angenommen werden kann. Auf keinen Fall aber darf Feedback aufgezwungen werden oder gar mit der Forderung nach einer Verhaltensänderung verbunden werden. Ob der Angesprochene das Feedback annimmt und welche Konsequenzen er daraus zieht, ist einzig und allein seine Sache.

5. Feedback *beschreibt* Wirkungen bestimmter Verhaltensweisen und eigene Reaktionen auf dieselben. Es teilt das tatsächlich Wahrnehmbare mit. Es vermeidet moralische Wertungen, Interpretationen und Analysen von Verhaltensweisen, die den Betroffenen in Abwehr- und Verteidigungshaltung treiben.

6. Feedback ist am wirksamsten, wenn es *in unmittelbarer Verbindung mit dem auslösenden Verhalten* gegeben wird, evtl. auch durch andere Signale als durch direkte Anrede. Im Einzelfall entscheidet freilich die gegebene Situation darüber, ob ein sofort gegebenes Feedback nicht einen augenblicklich wichtigeren Vorgang stört.

7. Feedback sollte *angemessen* sein, d. h. ehrlich, aber taktvoll, die Aufnahmefähigkeit des Angesprochenen und seine Möglichkeiten zur Feedbackverarbeitung berücksichtigend.

8. Feedback sollte so gegeben werden, daß die *Subjektivität* der wiedergegebenen Eindrücke außer Zweifel steht und wenn möglich anderen Gruppenmitgliedern als *Kontrollinstanzen* zur Prüfung übergeben wird.

9. Der Feedback-Empfangende sollte *aufmerksam zuhören*, evtl. *klärend nachfragen* und das *Gehörte in Ruhe verarbeiten*, nicht aber argumentieren und sich verteidigen.

6.6 Adressen von Kontaktstellen

Denken Sie zuerst ans Nächstliegende! Auskunft über Beratungs- und Therapiestellen und Heime können Sie u. a. erhalten beim
– Hausarzt
– Jugendamt
– Sozialamt
– Gesundheitsamt
– Schulpsychologen
– Schulberater
– bei Erziehungsberatungsstellen
– bei Drogenberatungsstellen
– bei den freien Wohlfahrtsverbänden
– bei den Landeseinrichtungen für Gesundheitsaufklärung

Literatur

Adelhoch, J.: Anamnese und Exploration. In: Honal, W. H. (Hrsg.): Handbuch der Schulberatung. Landsberg 1983

Atteslander, P.: Methoden der empirischen Sozialforschung. Berlin 1985/5

Aurin, K. (Hrsg.): Beratung als pädagogische Aufgabe. Bad Heilbrunn 1984

Benz, E./Rückriem, N.: Der Lehrer als Berater. Heidelberg 1978

Das neue Lexikon der Pädagogik. Freiburg 1974

Dollase, R.: Soziometrische Techniken. Weinheim, Basel 1976

dtv-Wörterbuch zur Psychologie. Frankfurt 1972/6

Fäßler, F.: Knotenpunkte der pädagogischen Beratung in der Eingangsstufe der Grundschule. In: Pädagogische Welt 1/1989

Fittkau, B. (Hrsg.): Pädagogisch-psychologische Hilfen für Erziehung, Unterricht und Beratung. 2 Bände. Braunschweig 1983

Friedrichs, J. (Hrsg.): Teilnehmende Beobachtung abweichenden Verhaltens. Stuttgart 1973

Friedrichs, J.: Methoden empirischer Sozialforschung. Hamburg 1985/13

Friedrichs, J./Lüdtke, H.: Teilnehmende Beobachtung. Weinheim, Basel 1973

Funk-Kolleg: Pädagogische Psychologie. 2 Bände. Frankfurt 1988/15

Funk-Kolleg: Beratung in der Erziehung. Weinheim, Basel 1981/2

Gibson, I. J.: Die Sinne und der Prozeß der Wahrnehmung. Bern, Stuttgart 1982/2

Göppner, H. J.: Hilfe durch Kommunikation in Erziehung, Therapie, Beratung. Bad Heilbrunn 1984

Graumann, C. F.: Nicht-sinnliche Bedingungen des Wahrnehmens. In: Metzger, W. (Hrsg.): Handbuch der Psychologie, Band 1. Göttingen 1966

Graumann, C. F./Hofer, M.: Lehrerverhalten und Schülerverhalten. In: Funk-Kolleg: Pädagogische Psychologie. Frankfurt 1988/15

Grell, J.: Techniken des Lehrerverhaltens. Weinheim, Basel 1983/11

Gudjohns, H.: Praxis der Interaktionserziehung. Bad Heilbrunn 1978

Habermas, J.: Erkenntnis und Interesse. Frankfurt 1975

Hanke, B. u. a.: Soziale Interaktion im Unterricht. München 1974

Hanke, B. u. a.: Aggressiv und unaufmerksam. Die Aufgaben des Lehrers bei Schulschwierigkeiten. Erklärungsmodelle und Handlungsmöglichkeiten. Fallbeispiele. Weinheim 1984/3

Hartmann, H./Haubl, R.: Psychologische Begutachtung. Problembereiche und Praxisfelder. Weinheim 1984

Hajos, A.: Einführung in die Wahrnehmungspsychologie. Darmstadt 1980

Heinze, Th. u. a.: Handlungsforschung im pädagogischen Feld. München 1975

Heller, K. A./Nickel, H. (Hrsg.): Modelle und Fallstudien zur Erziehungs- und Schulberatung. Stuttgart, Wien 1982

Holzkamp, K.: Sinnliche Erkenntnis. Frankfurt 1986/5

Honal, W. H.: Methoden der Beratung. In: Honal W. H. (Hrsg.): Handwörterbuch der Schulleitung. München 1977

Ingenkamp, K.: Lehrbuch der Pädagogischen Diagnostik. Studienausgabe. Weinheim 1988

Jäger, R. (Hrsg.): Psychologische Diagnostik. Ein Lehrbuch. Weinheim 1988

Junker, H.: Das Beratungsgespräch. München 1978

Kamratowski, J./Meißner, H./Robeck, A.: Begabungsförderung. Arbeitsmappe für Vorschulkinder und Schulanfänger und Anleitungsheft. Weinheim 1972/3

Köck, P.: Verhaltensgestörte Kinder im Elementarbereich. In: Sozialpädagogische Blätter, Heft 1 und 2. Heidelberg 1976

Köck, P.: Verhaltensstörungen als Zentralproblem der Schulpraxis. In: Schriftenreihe der Gemeinschaft evangelischer Erzieher in Bayern, Heft 2/1976 und in: Pädagogische Welt 7/1977

Köck, P.: Aufsätze zu folgenden Stichworten:
– Gruppendynamik
– Gruppendynamische Trainingsmethoden
– Kommunikation
– Konflikt und Konfliktlösung.
In: Handwörterbuch der Schulleitung. Landsberg 1985 (Neuausgabe)

Köck, P.: Praktische Schulpädagogik. Donauwörth 1987

Köck, P./Ott, H.: Wörterbuch für Erziehung und Unterricht. Donauwörth 1989/4

König, R. (Hrsg.): Handbuch der empirischen Sozialforschung. Band 2/3a/3b: Grundlegende Methoden und Techniken der empirischen Sozialforschung. Stuttgart 1974/3

König, R. (Hrsg.): Beobachtung und Experiment in der Sozialforschung. Köln 1975/8

Kordy, H.: Über den Umgang mit Beobachtungen in der Psychologie. Bern, Frankfurt 1986

Kormann, A. (Hrsg.): Beurteilen und Fördern in der Erziehung. Salzburg 1987

Krapp, A./Mandl, H.: Einschulungsdiagnostik. Eine Einführung in Probleme und Methoden der pädagogisch-psychologischen Diagnostik. Weinheim 1977

Krenz, A.: Kompendium zur Beobachtung und Beurteilung von Kindern und Jugendlichen. Heidelberg 1985/3

Lexikon der Psychologie, 3 Bände. Freiburg 1988 (Neuausgabe)

Lüttge, D.: Beraten und Helfen. Beratung als Aufgabe des Lehrers. Bad Heilbrunn 1981

Mandl, H./Krapp, A.: Schuleingangsdiagnose. Göttingen 1978

Manns, M. u. a.: Beobachtungsverfahren in der Verhaltensdiagnostik. Salzburg 1987

McCall, G. J./Simmons, I. L. (Hrsg.): Issues in participant observation. Reading 1969

Mollenhauer, K./Rittelmeyer, Chr.: Methoden der Erziehungswissenschaft. München 1977

Muchielli, R.: Das Nicht-direktive Beratungsgespräch. Salzburg 1972

Odenbach, K.: Lexikon der Schulpädagogik. Braunschweig 1974

Oerter, R.: Moderne Entwicklungspsychologie. Donauwörth 1984/20

Psychrembel, W.: Klinisches Wörterbuch. Berlin, 255., überarbeitete Aufl. 1986

Reenpää, Yrjö: Wahrnehmen, beobachten, konstituieren. Phänomenologie und Begriffsbestimmung der ersten Erkenntnisakte. Frankfurt 1967

Ritsert, J.: Inhaltsanalyse und Ideologiekritik. Frankfurt 1975/2

Rogers, C. R.: Die nicht-direktive Beratung. München 1987/3

Rogers, C. R.: Die klientenzentrierte Gesprächstherapie. München 1978

Scheller, I.: Erfahrungsbezogener Unterricht. Praxis, Planung, Theorie. Frankfurt 1987/2

Schmalohr, E. (Hrsg.): Fortbildung für Kindergartenerzieher. Hannover 1974

Schraml, W. J.: Einführung in die moderne Entwicklungspsychologie. Stuttgart 1983/6

Schwarzer, R. (Hrsg.): Beraterlexikon. München 1977

Stadler, M. u. a.: Psychologie der Wahrnehmung. München 1977/2

Stevens, J. O.: Die Kunst der Wahrnehmung. Übungen der Gestalt-Therapie. München 1988/10

Sumaski, W.: Systematische Beobachtung. Hildesheim 1977

Thomae, H.: Beobachtung und Beurteilung von Kindern und Jugendlichen. Basel, München 1980/13

Ulmann, G.: Sprache und Wahrnehmung. Frankfurt 1975

Vernon, M. D.: Wahrnehmung und Erfahrung. München 1977

Watzlawick, P. u. a.: Menschliche Kommunikation. Bern 1985/7

Watzlawick, P.: Wie wirklich ist die Wirklichkeit? München 1988/13

Wersig, G.: Inhaltsanalyse. Einführung in ihre Systematik und Literatur. Berlin 1968

Wittling, W.: Einführung in die Psychologie der Wahrnehmung. Hamburg 1976

Wright, G. H.: Erklären und Verstehen. Frankfurt 1984/2

Bildnachweis

Stichwortverzeichnis